グリーフとおよぐ

森田 亜紀

文芸社

目　次

はじめに …………………………………………………………… 8

　本書の使い方　11

　使い方いろいろ　12

　始める前の約束事（2人以上で作業する場合）　14

第1章　喪の旅のはじまり ………………………………… 17

　ココロのエクササイズ：グループで自己紹介👫👫👫　18

　グリーフに関する誤解　20

　ココロのエクササイズ：グリーフの影響👤👫👫👫　25

　自らのグリーフの歴史を振り返る　27

　ココロのエクササイズ：別れと喪失の歴史👤👫👫👫　28

　ココロのエクササイズ：気づきを書きとめる👤シェアリング＆ディスカッション👫👫👫　29

　ココロのエクササイズ：グリーフ年表👤👫👫👫　30

　リフレクション：第1章のまとめ👤👫👫👫　31

第2章　グリーフの道のりを知る ………………………… 33

　ココロのエクササイズ：チェックイン👤👫👫👫　34

　グリーフの道のり　41

　助けが必要になるとき　48

　ココロのエクササイズ：あなたのグリーフの道のり👤👫👫👫　51

ウォーデンの4つのグリーフタスク　52

　ココロのエクササイズ：リフレクション👤ディスカッション＆シェアリング👥👥👥　53

身体から学ぶグリーフ　54

　ココロのエクササイズ：呼吸法の練習👤👥👥　58

　ココロのエクササイズ：リフレクション👤ディスカッション＆シェアリング👥👥👥　59

リフレクション：第2章のまとめ👤👥👥　59

第3章　グリーフとこころの関係 …………………………… 61

　ココロのエクササイズ：チェックイン👤👥👥　62

感情のレパートリー　63

感情の言語化　66

グリーフの10の感情　70

　ココロのエクササイズ：リフレクション👤ディスカッション＆シェアリング👥👥👥　78

グリーフと鬱　78

　ココロのエクササイズ：マイ対処法👤👥👥　81

　ココロのエクササイズ：新しい対処法を試してみる👥👥👥　81

グリーフを滞らせない　82

　ココロのエクササイズ：リフレクション👤ディスカッション＆シェアリング👥👥👥　86

　ココロのエクササイズ：4-7-8呼吸法でリラックス👤👥👥　88

リフレクション：第3章のまとめ👤👥👥　89

第4章　大切な人を悼む ……………………………………… 91

　　ココロのエクササイズ：チェックイン 👤👥　92

日本の文化における死の悼み方　93

　　ココロのエクササイズ：季節を通じて大切な人を偲ぶ 👤👥　96

　　ココロのエクササイズ：故人との思い出の品　リフレクション＆ライティング 👤シェアリング 👥　97

日常の生活のなかで想う　98

　　ココロのエクササイズ：思いを馳せるとき 👤👥　99

不思議な体験　100

　　ココロのエクササイズ：あなたの不思議な体験 👤👥　104

　　ココロのエクササイズ：ディスカッション＆シェアリング 👥　105

　　ココロのエクササイズ：あなたが想うこと 👤👥　108

　　ココロのエクササイズ：「あなたを想うとき」あなたバージョンを作る 👤👥　109

　　ココロのエクササイズ：作った詩を声に出して読んでみる 👤👥　112

　　リフレクション：第4章のまとめ 👤👥　112

第5章　大切な人の支えになる ………………………………… 115

　　ココロのエクササイズ：チェックイン 👤👥　116

あなたはグリーフにどう向き合うタイプですか？　120

　　ココロのエクササイズ：あなたはグリーフにどう向き合うタイプですか？ 👤👥　122

　　ココロのエクササイズ：家族のなかで違いを考えてみる 👤　123

ココロのエクササイズ：シェアリング＆ディスカッション 👥 124

ココロのエクササイズ：あなたが助けを受けたとき 👤👥 126

ココロのエクササイズ：シェアリング＆ディスカッション 👥 127

友人や仲間・同僚を支える　128

ココロのエクササイズ：支える葛藤と体験談 👤👥 128

ココロのエクササイズ：シェアリング＆ディスカッション 👥 129

組織レベルでグリーフを支える　130

あなたにできることを考える　135

ココロのエクササイズ：グリーフを支える 👤リフレクション＆シェアリング 👥 139

家族で支えあう　139

ご家族（ご遺族）を支える：米国ホスピスのグリーフケア　146

リフレクション：第5章のまとめ 👤👥 150

第6章　出会いと別れの意味 ……………………………………… 151

ココロのエクササイズ：チェックイン 👤👥 152

親との出会いと別れ　153

配偶者との出会いと別れ　157

ココロのエクササイズ：大切な人に想いを馳せる 👤👥 160

ココロのエクササイズ：シェアリング 👥 161

魂の成長（ポストトラウマティック・グロース）　161

ココロのエクササイズ：グリーフ体験を見つめて 👤👥 164

ココロのエクササイズ：ディスカッション＆シェアリング
👥 165

他者のPTGを支える　165

ココロのエクササイズ：周りの人のPTGを支える 👤👥
169

リフレクション：第6章のまとめ 👤👥　170

リフレクション：全体のまとめ　リフレクション 👤ディス
カッション＆シェアリング 👥 171

おわりに ……………………………………………………………… 173

はじめに

　大切な人とのお別れはあなたが考えるより、ずっと前から始まっています。そして、その道のりはその人を喪った後も続いていくのです。お別れの営みをグリーフと呼びます。

　お別れの始まりはさまざまです。愛する人の命が限られていると宣告されたときかもしれません。病気を抱える当事者もグリーフを体験します。忘れっぽさが酷くなってきたり、慢性の病気が悪化して命の終わりを意識しはじめたりしたときにやってくるのかもしれません。ご家族（ご遺族）にとっては命が喪われた後も、グリーフは形を変え、続いていきます。

　ずっと側にいてほしいと願っていた人が、この世からいなくなってしまった。この信じがたい事実にこれからどう向き合っていけばいいのか、光の失われた毎日をどう生きていけばいいのか。私はハワイのホスピスでグリーフカウンセラーとして、喪失の悲しみに身を寄せ、耳を傾け、こころを重ねてきました。

　ご家族や友人によって気持ちが慰められることがあったとしても、喪失の事実をないものにしたり、悲しみを取り除いたり、グリーフを消し去ってしまうことはできません。唯一の方法は、自分で喪失に向き合う勇気と、回復に必要な時間を与えるということです。

8

グリーフカウンセラーとしての私の役割は、目の前で辛い思いに苦しんでいる人がグリーフの海で溺れてしまわないように、側で光を灯し、励まし、見守り、グリーフの営みを支えることでした。孤独のなかでは、まるで暗い大海原に一人で放り出されたような気持ちになるものです。海が荒れて大きな波が立つときや、波に押し返されてうまく前に進めないときに、風や波の読み方をアドバイスしたり、不安や恐怖や悲しみを理解してくれる誰かが近くにいることで「大丈夫」だと思えるようになるのです。ときには海の中で目を開けてみたり、水とたわむれたり、身体を預けてみたり、周りを見渡してみたりしながら自分のペースで進んでいくうちに、海は暗く、深く、怖いものではないということが分かるようになるでしょう。

　本書はグリーフカウンセラーや医療専門家の治療やケアに代わるものではありません。自分に起きていることの理解を深めながら、死別のグリーフの海へとおよぎだすのを応援するためのワークブックです。

　これまでお別れに向き合う勇気が持てなかったり、今も辛さを抱えていたり、一人で苦しんでいるあなたの励ましになれば、これほど嬉しいことはありません。

さあ、グリーフの大海原に出ましょう。私がガイドを務めます。あなたのグリーフの旅が、大切な人とのこころと魂の絆を深めていく特別な時間となりますように。

2025年3月

森田 亜紀

本書の使い方

それぞれの章は①本文、②ココロのエクササイズ、③リフレクションの3部から成り立っています。

①**本文**では関連研究・情報などを盛り込みながら章のテーマについて分かりやすく解説しています。

②**ココロのエクササイズ**は本文で学んだものを、こころの学びにつなげていくための演習です。グリーフワークで一番大切な部分ですので、問いかけにじっくり向き合ってみましょう。すぐに答えが見つからなかったり、辛いことを思い出してなかなか答えられなかったりしても心配はいりません。しばらく時間を置いてみたり、問いかけを頭の中で考えながら散歩してみたり、少し時間を置いてまた取り組んでみたり、自分のペースで進められるのがワークブックのいいところです。頭で考えすぎたり、正しい答えを書こうとせず、そのときの気持ちやインスピレーションも大切にしてください。

③**リフレクション**は頭とこころで学んだことを、振り返って整理したり、気づきを深めるためのものです。時間が経つと忘れてしまう大切な気づきや学び、自己発見を書きとめておきましょう。

はじめに　11

本文、ココロのエクササイズ、リフレクションにしっかりと
取り組むことで、世界に 1 つしかない、あなただけのグリー
フのあゆみの記録ができあがります。このワークブックの記
録は次に辛い別れがやってきたとき、あなたの大きな支えに
もなることでしょう。

使い方いろいろ

　本書は基本的に 1 人で読み進められるように構成されていま
すが、何人かで一緒に取り組んでいくこともできます。ココロ
のエクササイズやリフレクションに個人で取り組むときには👤
のアイコンを、グループで取り組むときには👥のアイコンを
目印にしてください。作業の後に答えをシェアする時間を持つ
ようにしましょう。

〈気心知れた数人の友人と〉

　気心知れた友人と一緒に作業してみてはいかがでしょう。定
期的に会って進めていくことで、自分が 1 人でないことに気が
つくでしょう。人とこころの中を共有することが得意でない人
も、相手が信頼できる友人であれば、向き合う勇気が湧いてく
るかもしれません。どこかプライベートで静かな場所が確保で
きれば理想的です。1 回のミーティングで 1 章進めるペースが
良いでしょう。事前に個々で取り組んだエクササイズやリフレ
クションを発表しあうというのも一つの進め方ですが、ミー

ティングで一緒に本文を読んだり、エクササイズやリフレクションを作業したり、答えを共有したりしてそれぞれの体験や感情、その場のエネルギーの共鳴を大切にしてください。

〈遺族会の仲間と〉

　遺族会にはさまざまな形式があります。オープングループで参加者が毎回変動する会もあれば、クローズグループで期間のはじまりからおわりまで同じ参加者が出席することが条件づけられている会もあります。本書はクローズグループに適しています。心理的な安心感が構築され、毎回の学びの足並みをそろえることができるからです。できるだけ多くの人が全回参加できるようにスケジュールを立てましょう。ファシリテーター（司会・進行役）がいる場合は、時間の管理や、会話の流れ、参加者が均等に話せる雰囲気づくりを心がけましょう。ファシリテーターを固定するのではなく、持ち回りにするのも一つの案です。会のはじめに「始める前の約束事（P.14）」にも目を通しておくようにしてください。

〈家族で〉

　大切な家族が亡くなった後、お互いが相手を気遣う気持ちから、喪失について話題にしにくく、話したいと思う人がいても、なかなかきっかけがつかめないものです。そうしたとき、本書をきっかけにしてみてはいかがですか。グリーフについて一緒に理解を深め、故人の人生について話したり、思い出を共有しあったり、お互いの辛い気持ちに耳を傾けたり、共に悼む時間

はじめに　13

になるでしょう。

始める前の約束事（2人以上で作業する場合）

　以下の約束事は、参加者のプライバシーを守り、心理的安全性を確立するために必要な決め事です。参加者全員の同意を確認してから、スタートしましょう。特に職場やプライベートで顔を合わせる場合、ついつい会の話になったり、会の外で他の人が共有したことについて感想を述べあったり、プライバシーの問題が、うやむやになってしまうことがあります。会と会の間に時間があく場合、これらの約束事を忘れてしまうこともありますので、毎回、会のはじめに読み上げて確認しあうようにしましょう。

①語られたことは参加者の心の中だけにとどめておく
　これは思ったことや感じたことを言葉にしたり、辛い経験を語ったり、共有したりするための大切な決め事です。誰か1人でもこの決め事が守られていないと感じていれば、話すことをためらったり、会から足が遠のいてしまうかもしれません。それではせっかくできた関係性が崩れてしまいます。お互いが話したいことを安心して共有できる場であることが大切です。

②同情ではなく共感を持って耳を傾ける

グリーフの様子や、影響は一人ひとりさまざまです。誰がお亡くなりになっても、その悲しみに優劣はありません。「私の体験は○○さんに比べたら大したことがないから」と自分のことを話すのを遠慮したり、時間を譲ったり、聞き役に回ったりするのは、思いやりがあるからですが、それが「かわいそう」「気の毒」という同情の表れであれば要注意です。「自分が○○さんだったらどんな思いをするだろう」と相手の立場に立って、気持ちを合わせるように聞けるようになると、深いいたわりや、共感の気持ちが湧いてくるようになります。

③気持ち（感情）に気をとめる

　私たちは普段、感情というものにあまり気をとめずに生活していますが、感情は私たちにいろいろなことを教えてくれるものです。他者と一緒に作業していくなかで、自分の中に湧き上がる感情に気をとめるようにしてみてください。他の参加者がこころの中を共有することで、自身の過去の体験を思い出して、辛くなることもあるかもしれません。また自分が共有するなかで、涙で言葉に詰まったりすることもあるでしょう。悲しみや、やるせなさ、不安、怒りなどは全てグリーフの自然な感情です。我慢をしたり、押し込めたり、言葉でかき消そうとせず、その思いと素直に向き合ってみましょう。そうした気づきはページの余白に書きとめておくと、後で思い出して、自分発見につながったり、グリーフへの理解にもなることでしょう。

はじめに　15

④話さない権利

　参加しているからといって、何かを無理に言わなければいけないというわけではありません。人に話したくないときや、自分のこころの中だけにしまっておきたいこともあります。大切なのは無理をしないということ。話す気分ではないと感じたときは、静かに内観するのも大切なグリーフワークです。複数人で作業するときは、

　会のはじめに①から④の約束事の見出しを1人が読み上げたり、それぞれが読み返す時間をつくったり、会の流れに組み込んでおくと忘れずにすみます。

第1章　喪の旅のはじまり

> ココロのエクササイズ：グループで自己紹介から始めましょう。
>
> 名前や職業、またどうしてこのグループに参加しようと思ったのかなど、時間配分に気をとめながら自由に話してください。

日本の文化には喪の営みがあります。「暑さ寒さも彼岸まで」ということわざは、どんな辛い別れも季節の移り変わりと共に和らいでいくのだと私たちに教えてくれているようです。人が家で看取られていた時代、私たちは自然と共にあり、死は生の営みの一部でした。村やコミュニティーの中で、弔い、悼み、慰めあってきたのです。いまや家族が離れて暮らし、核家族が87％を占める（国立社会保障・人口問題研究所調べ）現代社会では「偲ぶ」という喪の営みは形を変え、法事や法要はどんどん簡略化され、その意味も薄れつつあるように感じます。こうした社会の変容は私たちのグリーフにとって、何を意味するのでしょうか。

それは死を悼む慣習や儀式、言い換えれば喪の作業は、個人が担っていくものになりつつあるということです。

多くの犠牲者を出した2005年のJR福知山線脱線事故や、2011年に起きた東日本大震災などからグリーフケアの必要性

が問われるようになり、その後さまざまな取り組みや支援が提供されるようになりました。続く2019年には新型コロナ感染症により想像を超える死者を出し、世界中が深い喪失感に覆われました。日本では累計75,000人もの方がお亡くなりになり（2023年5月厚生労働省調べ）この未曾有の感染症は「お別れをする」という大切な喪の儀式を奪い、グリーフの爪痕をご遺族の胸に深く残しています。

　こうした流れから「グリーフ」や「グリーフワーク」という言葉を耳にするようになりました。グリーフは、日本語で「悲嘆」や「死別による悲しみ」と訳されていますが、英語環境でグリーフケアに関わっていた私にとっては、何かが抜け落ちてしまったという感覚が否めません。「悲嘆」という訳語はグリーフを、まるで写真に撮ったように、点や面で捉えているように聞こえ、それがプロセスであるという時間の流れが感じられません。「死別による悲しみ」は悲しみという感情だけが強調されていて、それ以外の感情や身体的、社会的、スピリチュアルな面での影響が見えません。外国の言葉を日本の文化や言葉にできるだけあてはめて翻訳するわけですから、失われる部分があるのは、仕方がないことなのでしょう。第1章では、こうした翻訳の違和感を踏まえながら、グリーフをいろいろな角度から眺めたり、自身の体験と重ねあわせたりしながら、グリーフとは何なのかを一緒に定義していくところから始めていきたいと思います。

グリーフに関する誤解

「グリーフ」とはどういうものなのでしょうか。聞いたことのない人や、ぼんやりとしたイメージしかない人も少なくないでしょう。なかなか適切な翻訳がなく、日本語でどう説明すればいいのかと頭を悩ましているうちに、メディアで新しい言葉が登場していました。

「○○ロス」

　アイドルグループが解散するというニュースや、欠かさず観ていたテレビ番組が終了してしまうと知り、喪失感を抱いたり大きなショックを感じたことはありませんか？「それなら私も体験したことがある」と思ったのではないでしょうか。

　あれ？　でも、解散だから、番組の終了だから死に別れというわけではない？

　喪失は死別によるものとは限らないのです。生きながらにして別れを告げなければいけないこともあります。人との別れにとどまらず、大切な物を失ったり、生活環境が変わったり、病気などで身体の一部が失われたり、人生の目標や希望、自己のイメージなども喪失の対象となります。グリーフはあらゆる喪失に伴うものです。

以下にグリーフに関する誤解を読み解きながら、さまざまな角度からその輪郭を捉えていくことにしましょう。

誤解1　グリーフ＝死別による喪失

　死別以外のあらゆる喪失にもグリーフは伴います。そのなかでも死別によるものが一番辛く影響も大きいため、グリーフすなわち死別というイメージが定着したのでしょう。死別以外のグリーフについてはまた後ほど触れていきます。

誤解2　グリーフは死別後にやってくる

　グリーフは別れを意識したときからすでに始まっているものです。アイドルグループの解散の例を思い出してみましょう。ファンのロスは解散後に始まるのではなく、そのニュースを知った時点でそのインパクトを深く経験するのです。複雑な思いが交差し、実際に解散するまでの時間は、アイドルグループとの残りの時間を惜しむために費やされます。そして解散しても、ファンのグリーフは継続していくものです。

誤解3　グリーフは気合いで乗り切る

　気合いでなんとかなるのは短い間だけです。それはあくまで一時的な対処策で、喪失の事実や影響が消えてなくなることはありません。それどころかストレスが増してくると身体的な症状となって現れることもあります。自分のペースで辛さと対峙し、あなたにあった向き合い方を見つけていくことが一番の対処策です。

誤解4 放っておけば時間が解決する

　私たちの多くは、別れや喪失を人生の一部として、生活の営みのなかで向き合っていきます。グリーフ研究では、90%ほどの人は、時間と共に徐々にその辛さが和らぎ、日常の生活のリズムを取り戻していくと言われています。けれども社会が変わり、家族が離れて暮らし、周りに励ましてくれるような友達や家族がいない人も増えています。生活環境に大きなストレスを抱えていたり、身体や精神に疾患を持っていたり、辛い別れが重なったり、故人と物質的、金銭的、精神的に大きな依存関係にある人などは、グリーフが複雑化するリスクが高くなります。放っておいても周りに支えられて時間が解決することもあれば、もっと具体的な支援が必要となることもあるのです。

誤解5 蓋をしておくのが一番

　本当に辛いとき、こころの中の辛さを言葉で誰かに伝えるのはとても難しいものです。話をすることで、かえって辛さが増すのではないかという懸念から口に出したくないと思う人もいます。自分の中に抱えておくのが一番安全だと感じるのはあなただけではありません。けれども、ずっとこころの中にしまっておくのも、また辛いものです。誰かにこころを打ち明けて気持ちが軽くなったという経験はありませんか？　喪失の事実を変えることはできませんが、人に聞いてもらったり、こころの中に渦巻いているモヤモヤを言葉にしてみることで、気持ちを客観的に見ることができるようになったり、グリーフに向き合っていく勇気を持つことができるようになるものです。

誤解6 悔やんだり、悼んだり、その死について考えるのは意味がない

こう考えることで一時的に辛さを紛らわすことはできるかもしれません。どんなに辛くても、生きていかなければならない私たちにとって、一時的にこころに蓋をして、生活や仕事に集中するのも必要なことです。辛すぎるときや、その事実に直面することができないときに、考えたくないと思うのは自然なことです。けれども、頭の中の呟きや、記憶、感情を完全にシャットアウトしておくことはできません。時間を置いてでも、その命に思いを馳せたり、関係性を振り返ったり、じっくりと向き合ってみたりすることはグリーフにおいてとても意味のあることです。

誤解7 子どもには、気をとめる必要はない

子どもにもグリーフがあります。「子どもだから分からない」と放っておいたり、「天国に行った」と抽象的に慰めたり、「眠っているだけ」などと説明するのは助けになりません。子どもの死への理解は発育段階によって異なるため、大人は子どもに合った具体的な説明や、配慮、声かけなどに気をとめなければいけません。第5章で詳しく見ていきます。

どうでしょう。ぼんやりとしていたグリーフの輪郭というものが少しはっきりしてきたでしょうか。

ここで改めて私の考えるグリーフの定義をご紹介しましょう。

第1章　喪の旅のはじまり　23

> グリーフの定義
>
> 　喪失がいつかやってくると認知したとき、もしくは喪失が起こったときから始まる別れのプロセスで、その影響は身体的、精神的、社会的、スピリチュアルな面にもおよぶ（森田亜紀　2021年『極上の別れの条件』）。

　グリーフは「悲嘆」よりも多面的で、「死別による深い悲しみ」よりもさまざまな面で影響を及ぼします。さらに一過性の経験や反応にとどまらず、人によっては数ヶ月、数年と続く別れの道のりなのです。

　喪失が起こる前から体験するグリーフを予期悲嘆と呼びます。私の母はある年の定期検診で、肺に小さな影があると言われ、大きな病院を紹介されました。診断はステージ2の肺がん。アメリカでそれを知ったときから、私の予期悲嘆は始まりました。原因は？　余命は？　治療は？　など、質問ばかりが頭に浮かび、混乱のなかで、その事実をどう受けとめていいのか、何をどうすればいいのかばかり考えるようになりました。予期悲嘆は見守る側だけでなく旅立つ側にもあります。私も母も自分の予期悲嘆に、1人で向き合っていました。その渦中で、ただ葛藤や不安、やるせなさに押し流されて過ごしたものです。

　グリーフはプロセスです。その道のりは人によって異なります。喪失後、特に大きな支障もなく自分の生活に戻る人もいれ

ば、険しい道のりのなかで苦しむ人もいます。その違いゆえに家族のなかで誤解が生まれたり、傷ついたり、傷つけたりすることがあります。うまく対処している人は、そうでない人に対して「いつまでもクヨクヨしている」と苛立ち、深い悲しみに打ちひしがれている人は、アドバイスで励ます人に対して「分かってもらえない」と溝を深めてしまいます。どちらが正しいわけでも、間違っているわけでもありません。うまく対処しているからといって悲しんでいないというわけでもありません。表現の仕方や向き合い方が異なるのです。そしてその道のりはまっすぐに伸びる直線ではなく、上がったり、下がったり、ジグザクだったり、ときには逆方向に進むこともあります。

　さらにグリーフの影響は多岐に渡ります。多くの人は身体面、思考・認知・行動面、精神面、社会面、死生観への影響を経験していても、それがグリーフによるものだとは気づいていません。単に自分は調子が悪いと判断したり、ストレスが溜まっているのだと片付けてみたり、身体に悪い対処法でやり過ごしていたりしてしまうものです。以下にグリーフの主な影響を見てみましょう。

ココロのエクササイズ：グリーフの影響

　過去の喪失を振り返って次頁のリストで心当たりのあるものに✓をしてみましょう。ここにないものは「その他」に付け足してください。

グリーフの主な影響

身体への影響

☐不眠・睡眠困難　　☐食欲不振　　　☐体重減少・増加

☐倦怠感・疲労　　　☐頭痛　　　　　☐腹痛・下痢

☐胸が苦しくなる　　☐動悸　　　　　☐力が入らない

思考・認知・行動面への影響

☐注意散漫　　　　☐ボーッとしている　☐集中できない

☐物忘れ　　　　　☐辛い場面を繰り返し思い出す

☐物事が決められない　　☐生きる気力が湧かない

☐自暴自棄　　　　　　　☐過剰に何かに打ち込む

☐興味が薄れ、やる気が起こらない

☐そのことばかり考えている

☐「どうして」ばかり考える

精神面への影響

☐感情麻痺　　　☐ショック　　　☐泣いてばかりいる

☐気がふさぐ　　☐イライラする　☐孤独感

☐将来の不安　　☐後悔　　　　　☐罪悪感

☐絶望　　　　　☐悲しみ　　　　☐怒り

☐寂しさ　　　　☐恨み　　　　　☐やるせなさ

☐恐怖感

社会生活面への影響

□人と会うのが億劫　　　□将来の生活への心配

□金銭的な不安　　　　　□あまり出歩かなくなった

□周りのことに興味が湧かなくなった

□アイデンティティーや役割の変化

□機械的に仕事をこなしている

死生観に関しての影響

□死後の世界について考える　□自分の死について考える

□神様や仏様に対する失望や憤り　□宗教への興味

その他の影響

□

□

自らのグリーフの歴史を振り返る

　私たちは出会いと別れを繰り返しながら生きています。そして、出会いがあればいつか別れがやってきます。死別に限らず、学生時代の親友とも卒業すればそれぞれの道を歩むことになりますし、家族や兄弟姉妹、幼馴染みとも就職や転勤、結婚などで離ればなれになります。別れには普段気にとめないほど小さなものから、私たちの人生に大きな影響を与えるものまでさまざまなものがあります。

意識せずに通りすぎてきた喪失も、全て私たちの人生の歴史の一部です。グリーフと向き合うファーストステップは、別れの歴史を振り返るところから始まります。

ココロのエクササイズ：別れと喪失の歴史

　以下のリストを見て経験のあるものに✓をつけてみましょう。

人生の節目
□卒業　□転勤　□親からの自立　□転職
□失業　□引っ越し　□子供の巣離れ　□定年
□その他（　　　　　　　　　　　　　　）

目に見えない別れ・喪失
□健康　　　　　□身体の機能　　□身体の一部
□アイデンティティー　□文化　□言語
□人間関係の摩擦　□その他（　　　　　　　　　）

物質的なものとの別れ・喪失
□慣れ親しんだ家　□部屋　□家具　□持ち物　□収入
□思い出の品　　□その他（　　　　　　　　　）

死別

□配偶者　□子供　□親　□兄弟　□親戚　□友人

□恩師　□同僚　□ペット　□その他（　　　　　　　）

生きている人との別れ

□配偶者　□恋人　□親　□兄弟姉妹　□その他の家族

□友人・仲間　□その他（　　　　　　　　　　　）

ココロのエクササイズ：気づきを書きとめる♦シェアリング＆ディスカッション♦♦♦

　前頁のリストを見て、死別以外にもあなたの人生に影響を与えた別れはいくつもあるのだと気づかれたことでしょう。これまで喪失だとは思っていなかったような経験を思い出したり、時間が経って記憶が薄くなった辛いグリーフを思い出した人もいるかもしれません。2つのエクササイズを通して自己発見や感想、気づきがあれば書きとめて、共有してください。

①

②

③

第1章　喪の旅のはじまり　29

　上のイラストにある木の果物が、それぞれ大きさも、見た目も、色も異なるように、喪失やグリーフもまた一つとして同じものがありません。それらのなかでも、特に現在のあなたに大きな影響を与えている別れに焦点を当てて、進めていきましょう。

ココロのエクササイズ：グリーフ年表　

あなたのグリーフ年表を作りましょう。
①線上の一番右端の点は現在を指します。そこに現在の年齢を、真ん中の点に現在の半分の年齢を書き入れてください。一番左の点の下には覚えている限りで初めての喪失体験をした年齢を書いてください。この年表に現在のあなたに大きな影響を与えている喪失と年齢を書き加え

てください。例：ペットロス（7歳）、引っ越し（10歳）、祖母の死（15歳）など。

- 初めての喪失（　歳）
- 現在の半分の年齢（　歳）
- 現在の年齢（　歳）

②これらの別れで特に今のあなたに大きな影響を与えているものについてエピソードや気づきを以下に書きとめてください。

1.

2.

3.

リフレクション：第1章のまとめ

この章では「喪の旅のはじまり」というテーマでグリー

フをさまざまな角度から眺めました。以下の質問に答えな
がら内容を振り返っていきましょう。日記を書く要領で自
分の中に浮かんできた考えや、言葉、感情、思い出などと
一緒に書きとめておくようにしてください。

①グリーフに関する思い込みや誤解で思い当たるところや
　「なるほど」と思ったこと

②グリーフの影響に関する新しい発見

③自身のグリーフの歴史を振り返って、自分発見や感想

④第1章を終えて感じたこと

⑤グループでリフレクションを話しあいましょう

第2章　グリーフの道のりを知る

第2章に入る前にあなた自身の体調やこころの状態を自己診断してみる「チェックイン」タイムです。グループで取り組んでいる人はそれぞれの会のはじめに「チェックイン」タイムを設けるようにしましょう。

　忙しい現代人は常に身体や頭が動いています。次にやらなければいけないことが山のようにあって、仕事や子育て、介護などに追われ、1日に何時間あっても足りない！　と感じているのはきっとあなただけではないでしょう。

　特に、公私でケアギバーの役割を担っている人は、他者のニーズや都合を優先するため、どうしても自分のことは後回しになってしまうものです。そういう人こそ、自分の身体やこころの状態に気をとめてあげる時間が必要になってくるのです。グリーフケアはセルフケアの延長にあるということを覚えておいてください。

ココロのエクササイズ：チェックイン　

①まずは今の自分の体調やこころの状態を静かなこころで観察します。頭の中にはいつものように今日やらなければいけないことや、心配事が浮かんでは消えていくかもしれません。それをしばらく隣に置いておいて、集中してみましょう。

家で「チェックイン」をしている人や、電車の中でこの本を読んで「チェックイン」している人は、安全な状態であれば、少し目を閉じてみると集中しやすくなります。
　数分の間、気持ちを静かにして身体とこころの声に耳を傾けてみてください。

②身体とこころからどんなつぶやきが聞こえてきましたか？
　身体からは「なんか寝不足で、疲れてるなー」「この頃肩が凝ってるなー」「飲みすぎて胃が重いなー」「花粉症でくしゃみが止まらない」「眠い」など、身体のどこかで感じている不調にすぐ気がつくでしょう。なかには良い睡眠が取れて、身体がすっきりと目覚めて、エネルギーに溢れた1日を過ごせていると思う日もあるかもしれません。
　こころのつぶやきは「なんか気が重いなー」「憂鬱」「心配事を考えて不安」「もやもやしてる」など気分がすぐれないときもあれば、「穏やか」「清々しい」「エネルギッシュ」などと気持ちが安定していると感じるときもあるでしょう。
　こうしたつぶやきは1日のなかでさまざまなことに影響を受けながら移り変わっていきます。
　「チェックイン」で大切なのは、自分に偽らないことです。不調であっても、それを否定することなく、批判す

第2章　グリーフの道のりを知る　　35

ることなく、状態を受け止めることがいたわるという次
のステップにつながるのです。

③改めて、「今」の身体とこころのつぶやきを正直に書き
とめてみましょう。

　身体のつぶやき：

　こころのつぶやき：

④あなたの身体とこころをいたわるために、今日できるこ
とを1つ考えて1日のどこかで実行してみましょう。

　プラン：

　自分の体調やこころの状態に気がつくことで、なんらかの対
処ができるようになります。息抜きをしたり、休憩をとったり、
気晴らしをしたり、自分に合った方法をうまく取り入れること
が明日からの活力になっていきます。誰かに必要とされている

あなただからこそ、まず自分に優しくあるということが、他者への思いやりや共感につながるのです。

　それでは第2章に進みましょう。

　この章では一般的なグリーフの道のりについて一緒に考えていきます。

　ハワイのホスピスに勤めている頃、よくご遺族からこのような問いかけや訴えを聞きました。

「いつになったらこの苦しみから逃れられるのですか！」
「この辛さはずっと続いていくのでしょうか」
「私はおかしくなってしまったのでしょうか」
「病院に行った方がいいのでしょうか」

　辛いとき、それがずっと続いていくのかと考えただけで、落ち込んだり、苛立ったりするものです。それが時間と共に変化していく、落ち着いてくるということが分かるだけでも、希望や励ましになるのです。

　近年のグリーフ研究によると[1]、ご遺族の約90％ほどは自然な時間の流れのなかで、生活のリズムを取り戻していくものだということが明らかになっています。その道のりは別れによって一人ひとり異なるもので、正解や不正解はありません。辛い

思いを長く抱えている人が弱い人でもなければ、大して落ち込んでいない人が悲しんでいないわけでもありません。こうした先入観や偏見は、グリーフをよく理解してないところから生まれるものです。そうはいうもののグリーフは普遍的で、多くの人に見られる傾向もあります。第2章では一般的なグリーフの道のりについて理解を深めていきます。それは自分のグリーフへの理解や、後に他者への共感を深める上で役に立つものです。

1. Bonanno, A. George. (2009). The Other Side of Sadness: What the new science of bereavement tells us about life after loss. New York, NY. Basic Books.

　グリーフカウンセリングや遺族会に参加したご遺族はこんな風に考えるようになっていきました。

「同じ苦しみや辛さがずっと続くわけではないんだ」
「こんな辛さを経験しているのは、自分だけではないんだ」
「辛い日だけじゃなくて、いい日（ましな日）もある」
「自分は頭がおかしくなったわけでもなく、鬱にかかってしまったわけでもない」
「この辛さは自分が弱いわけではなくて、身体やこころの当たり前の反応なんだ」

　なかには、既存の精神疾患が悪化したり、トラウマの残る別れだったりして、グリーフが長期化したり複雑化したりする人もいます。それについては後ほど触れることにします。

一般的なグリーフの道のりについての話を続けましょう。

　時間と共に自然に緩やかになっていくものではあるものの、そこに至るまでには辛い毎日があります。グリーフカウンセラーは、グリーフの道のりを歩むなかでの辛さや困難、感情の揺らぎなどに耳を傾けながら、その人の周りにある支えとつなぎ、自らもその一部となって、伴走します。

　旅立った命には長い歴史や人生経験があり、辛くなる思い出だけではありません。嬉しかったこと、楽しかったこと、笑いあったこと、愛したこと、希望、夢などもまたその人生の一部なのです。そんな話をゆっくりうかがいながら、喪失が残された人にどのような影響を与えているのか聴きとっていきます。グリーフカウンセリングで、一番大切にしているのはなくした命を共に悼むということです。暗くてどこに向かっておよいでいけばいいのか分からなくなったとき、海をよく知る人にアドバイスをもらったり、辛さに向きあう勇気と希望を後おししてもらうだけでも、停滞していた身体とこころがまた動きを取り戻していくのです。

　ここで私がいつも参考にしているグリーフ理論をご紹介しましょう。
　米国臨床心理学者であるJ・ウィリアム・ウォーデンの「4つのグリーフタスク」です。「タスク」は課題という意味です。「やらなければならないこと」といった固いイメージを浮かべ

第2章　グリーフの道のりを知る　　39

てしまうかもしれませんが、グリーフの道のりにおいては方向性を示してくれる「道標」と捉えるのがいいかもしれません。

　1つ目のタスクは死を受容すること、2つ目は喪失の辛さと対峙すること、3つ目は故人のいない生活に順応していくこと、そして4つ目は魂の絆を構築していくこと[2]です。一つひとつを見ていくと、それほど簡単なことではないのが分かるでしょう。まさしく道のりであり、いくつものタスクが同時進行することもあれば、間を行ったり来たりしているように感じることもあります。

　私たちはグリーフの道のりのなかで、こうした道標を見つけながら行ったり来たり、進んだり戻ったりしながら、急ぐことなく、焦ることなく、自分のペースでグリーフの道のりを歩んでいくのです。

　2. Worden, J. William. (2018). Grief counseling and grief therapy: a handbook for the mental health practitioner (5th ed.). New York, NY. Springer Publishing Company.

　以下に時間軸に沿って一般的なグリーフの道のりについて見ていきましょう。

グリーフの道のり

予期悲嘆（現在進行中）

　この言葉を初めて耳にした人もいらっしゃるでしょう。予期悲嘆とは喪失が起こる前から体験しているグリーフのことです。例えば、体調が悪くて病院に行ったら、がんが見つかったとしましょう。がんは医学の発達によって、死に直結するものではなくなったものの、いまだに「死に至る」というイメージは深く根付いています。誰でもがんだと診断されれば、どのステージであっても、将来いつかやってくる死を意識するものです。たとえ、がんと最後まで戦うと決めた人であっても、「いつかやってくる死」に対するグリーフはもう始まっているのです。そして当事者だけでなく、ご家族や周りの人もまた、大切な人をいつか失うという現実が明らかになったときからグリーフを経験します。こころの中に辛い葛藤があるにもかかわらず、「縁起が悪い」「話せば他の人の迷惑になる」「話すと現実のものになってしまう」などという不安や心配から、孤独の中で辛い思いを抱えている人はたくさんいるのではないでしょうか。

　私の場合、母が肺がんと診断されてから別れの時間は約7年ありました。それは振り返れば「7年もあった」わけですが、渦中にいるときはお別れがいつやってくるのかなどはっきり分かりません。特に海外に住んでいたために、母の病状の変化を身近で目にすることもできず、やるせない思いを抱えていまし

第2章　グリーフの道のりを知る　41

た。今から考えると、母も、私も、違った形で予期悲嘆を体験していたのではないかと思います。母の命が限られているとなって、「何かしなくちゃいけない気がするのに、何をしたらいいか分からない」という焦りと葛藤していた頃、母は「これまで長くたばこを吸ってバチが当たったんだ」とがんになったことを自分なりに納得しようとしていました。がんの場合は往々にして予後が予測しやすく、別れの時間がある場合が多いわけですが、最後まで病気と戦うことに命を費やしている場合、別れのときは臨終という形で突然やってくることになります。予期悲嘆の時間は何にも変えられないほど、グリーフにとって貴重な別れの時間なのです。

予期悲嘆のセルフケアポイント
　・一緒にやっておきたいこと、残しておきたいこと、伝えておきたいことなどを意識して時間を大切に過ごす。
　・当事者、家族、周りの人にもグリーフがある。
　・命を惜しむ場所と時間を作る。

死後～四十九日

　お通夜やお葬式、四十九日までは法要などで、深い悲しみの中にありながらも非日常的に、バタバタと時間が過ぎていくものです。忙しく動いていることで悲しみが紛れ、ある意味「悲

しむ暇がない」時期です。しばらくは「実感がない」「ピンとこない」「受け入れられない」という状況が続くために、なかには感情が麻痺しているように感じられ、それに対して罪悪感を抱いたり、泣けないことに戸惑いや不安を感じたりする人もいるでしょう。どんなに辛くても、やらなければいけないことがあるこの時期、感情がせき止められるのは身体とこころの自然な反応です。感情がないわけでも、あなたが冷たいわけでもありません。一時的にこころが守られているのです。死が現実のものとして受け入れられるまでには時間がかかるでしょう。そのきっかけやタイミングは人それぞれですが、日本人にとって四十九日までの法要や儀礼は、故人を偲び、あの世への旅路の無事と平安を祈る大切な喪の儀式です。

死後～四十九日のセルフケアポイント
- 感情が麻痺したり、泣けなくても自分を責めない。
- グリーフには自分のペースがある。
- 法要や儀礼は大切な喪の儀式。

四十九日～２ヶ月

　四十九日までの法要が終わり、慌ただしい時期が過ぎると、張っていた気持ちがふと緩み、疲れがどっと感じられたり、死の現実がこころに押し寄せたりするものです。これまでせき止められていた悲しみや、やるせなさ、寂寥感、罪悪感などの複

雑な感情が、不眠、食欲不振、疲労感などの身体的な症状を伴って、現れることもあります。それらも全て大切な人を失ったという大きな喪失からくる当たり前の反応だと言えるでしょう。しばらく何もする気になれず、家事が滞っても、仕事に集中できなくても、決して「できない」自分を責めないでください。そういうときこそ深いグリーフにある自分を受けとめ、優しくいたわってあげなければいけません。この時期は悲しみの波に押し流されそうになりながら、生活・仕事とグリーフとのバランスをどうとっていくかが大きな課題となります。家族や友人、職場での理解やサポートは波にあらがうこころに光を灯してくれます。

四十九日〜２ヶ月のセルフケアポイント
・仕事や家事がこれまでのようにできなくても自分を責めない。
・家族や周りからの助けやお手伝いはありがたく受ける。
・１日に一度「自分を労る時間」を作る。自分で自分を励ましたり、好きな音楽を聞いたり、美味しいものを食べたり、身体とこころに優しい時間を過ごすようにする。

３ヶ月〜５ヶ月

　初めの頃の耐えがたい辛さや心の痛みが少し和らいで、日常のリズムを取り戻していく時期です。しかしながら身体的な不調や、こころの辛さは決して楽になったとは言えないかもしれません。日常生活とグリーフの間での葛藤は続きます。やらなければいけないことをなんとかこなせていても、生活・仕事とグリーフとのバランスをとる日常は身体もこころも大きく消耗します。そうした葛藤や落ち込みが、イライラにつながり、周りの人にきつく当たってしまったり、いつもなら気に障らないことに対して過剰に反応してしまうこともあるでしょう。まだまだ思い出すと悲しみが込み上げて、辛かった記憶が蘇ります。だからと言ってこれまでの楽しかった思い出や、一緒に過ごした幸せな時間を心の奥に閉じ込めておくのもまた辛いものです。生活のリズムを整えつつ、お仏壇に手を合わせたり、写真に話しかけたり、故人の命を偲ぶ時間をつくるようにしましょう。悲しみと相反するような感情を非常識だとか、不謹慎だと否定するのではなく、一緒に笑いあった時間や、愛情、感謝の思いなども全てグリーフの一部だということを覚えておいてください。

３ヶ月〜５ヶ月のセルフケアポイント

・身体とこころの葛藤は自然なこと。

・焦らず自分のペースで（人と比べない）。

・亡くなった方とのこころの対話を大切にする。

6ヶ月〜1年

　グリーフはよく寄せては返る波に例えられます。不調なとき
は黒い雲が空に立ち込め、海が荒れ、横殴りの雨に打ちつけら
れているようです。その後穏やかな日が続いても、故人の命日
や誕生日、母の日、父の日、お正月など特別な日にはまたグリ
ーフの海が荒れ体調を崩すこともあるでしょう。波の状態は
毎日変わるものです。それにともなってグリーフも常に移り変
わります。比較的穏やかな波が静かに浜辺に押し寄せているか
と思えばまた波がたつときもあります。死後6ヶ月から1年と
いう時期は、そうした波に揺り動かされながら、日常のリズム
を取り戻していくことに費やされていきます。辛い気持ちがぶ
り返すたびに、「自分は大丈夫だろうか」「また辛い感情の波に
溺れてしまうのではないか」と不安になりながらも、「大丈
夫」「この辛さもまた過ぎていく」とその波に身を預けてみる
と、次の波がきても構えたり不安になったりせず、大きな気持
ちで見守ることができるようになります。

　半年から1年が経つと、周りの人の声かけや励ましにも変化
が出てきます。悲しみや葛藤を口にした際に「もう時間がたっ
たんだから」とたしなめられたり、涙を見せると「しっかりし
なさい」と励まされたり、まるでグリーフには暗黙の期限が
あって、それを過ぎると悲しんでいてはいけないような罪悪感
すら感じます。多くのご遺族は「良かれと思って励ましてくれ
ているのは分かるが、そんな言葉に傷ついた」「おせっかいな
アドバイス」と感じているものです。1年経ってようやく生活

のリズムを取り戻したものの、まだまだ深い悲しみのなかにあるのはおかしいことでもなんでもありません。

6ヶ月〜1年のセルフケアポイント
・グリーフの波に身体を預けてみる。
・人の励ましや声かけに傷つくこともある。
・グリーフは波のように常に動いている。
・グリーフに期限はない。

2年目以降

　故人が亡くなってからの1年は、グリーフの影響や、生活とグリーフのバランスにこころも身体も消耗する時期です。毎日身を削る思いで過ごしている人もいれば、「あっという間だった」という人もいます。どちらにしても初命日は、これまでのグリーフの道のりを振り返る節目です。しばらく仕事が手につかなかった人にも、日常が戻ってきて、グリーフが時間と共に変化してきていることに気がつくでしょう。しかし、1年経ったからといって、まるでマラソンのゴール地点のテープを切るようにグリーフが終わるわけではありません。

　ある遺族会で1年目より2年目の方が悲しみが深いという人がいました。1年目はグリーフと生活の間で消耗する毎日を過ごし、グリーフに目を向ける余裕がなかったそうです。こころ

第2章　グリーフの道のりを知る　47

に蓋をしておかなければ壊れてしまいそうで、生きていくことができなかったのです。2年目に入ると心の余裕ができて自分に起こっていることへの気づきや理解が増える分、辛さをはっきり実感したそうです。それはある意味、1年かけてようやく辛い死に対峙する勇気とスタミナを育んだのです。グリーフにはゴールもタイムラインもないということが分かるでしょう。

2年目以降のセルフケアポイント

・1年経っても辛さが続くこともある。

・辛い時は一人で抱えない。

・生活のために心に蓋をして過ごすこともある。

助けが必要になるとき

　何らかの助けが必要だとどう判断すればいいのでしょうか。

　それは少しでもこの辛さを何とかしたいと思ったときです。簡単なようですが、当事者にしてみればなかなか難しいものです。下記のようないろんな呟きがそれを邪魔するかもしれません。

「人に話すようなことではない」

「恥ずかしい」

「自分で解決できるはずだ」

「人に迷惑をかけたくない」

「時間がない」

「弱い人間だと思われたくない」

　特に、社会や家庭の中で誰かに頼られる立場の人は、頼ることに慣れていません。最初の一歩を踏み出すのに大変な勇気と決意が必要になります。必要なのは自分は助けを求めていいんだと許可を与えることです。妨げになるような呟きが浮かんできたら、こんな呟きを返してみましょう。

「自分も人間なのだから、いつも気丈でいなくてもいい」
「たまには人に頼ってみよう」
「助けが必要だから、弱い人間ということにはならない」

　助けは、誰かに話を聞いてもらう、相談するということかもしれません。本書のような本を参考にするということかもしれませんし、遺族会のような場所に足を運んでみるということかもしれません。あなたに合った支援の形が存在するはずです。

　初命日を迎える頃に、まだ仕事や日常生活に支障がある場合、我慢をせず、病院で診てもらうようにしましょう。例えば、体調が悪くて欠勤や遅刻を繰り返していたり、思ったように仕事がこなせていなかったり、落ちこみが続いていてこれまで問題なくできていた事がまだうまくできていないというような状況です。身体的な症状やストレスからお酒の量や、タバコの量、睡眠導入剤の量などが増えていませんか？　それは明らかに自分一人ではうまく対処できていないサインです。無理をせず専

第2章　グリーフの道のりを知る　49

門家に相談してみましょう。

　ほとんどの人は時間と共にゆっくり回復していきますが、10％ほどの人はグリーフがきっかけで、慢性の鬱や不安が悪化したり、精神疾患を持っていない人でもひどい鬱を発症することもあります。一部の人にとっては放っておいても時間が解決してくれないこともあるのです。こうした長期化・複雑化したグリーフを複雑性悲嘆（遷延性悲嘆症）といいます。

複雑性悲嘆（遷延性悲嘆症）とは？

症状としては
・過度の悲しみや辛さ
・一日中、死や故人のことが頭から離れない
・故人を思い出すものばかりにとらわれている、もしくはそれを避ける傾向にある
・深い思慕の念
・死を受け入れることができない
・感情の麻痺
・わだかまり
・人生が無意味に感じる
・不信感
・何をしても楽しめない
などがあります。
それによって日常生活に支障があったり、社会生活を送る

ことが困難であったり、鬱・深い悲しみ・罪悪感・自責の念などから生きていても仕方がないと感じることが懸念されます。

（https://www.mayoclinic.org/diseases-conditions/complicated-grief/symptoms-causes/syc-20360374 を元に筆者が作成）

ココロのエクササイズ：あなたのグリーフの道のり

　一般的なグリーフの道のりを知って、あなた自身の道のりと比べてみましょう。グリーフに正しい形はありません。ここでは自分のグリーフについて気がついたことを書きとめてみましょう。

［重なる・共感するところ］
　①

　②

［相違するところ］
　①

第2章　グリーフの道のりを知る　51

②

ウォーデンの4つのグリーフタスク

　ここで、いま一度ウォーデンのグリーフ理論に立ち返ってみることにします。

　ウォーデンはグリーフの道のりを、ただ時間任せで悲しみに暮れて過ごすものから、能動的に関わることで意味を持った道のりになると示しました。4つのタスクはグリーフの海で途方に暮れてしまったときに道標となるブイや灯台のようなものといえるでしょう。

　タスク1. 死を受容すること
　タスク2. 喪失の辛さを受けとめること
　タスク3. 故人のいない世界に順応していくこと
　タスク4. 魂の絆を構築していくこと

　グリーフの大海原では、方向を見失ったり、知らない間に遠くに押し流されてしまったように感じるときもあるでしょう。空を見上げながら、ただ浮かんでいたいときもあります。およ

ぎ方も一つではありません。ときにはクロール、疲れたら平泳ぎ、立ち泳ぎでもいいのです。

　ウォーデンのグリーフタスクは、自分がグリーフの道のりのなかで変化に気づくことができたり、助けが必要なときのヒントになるものです。

ココロのエクササイズ：リフレクション👤ディスカッション&シェアリング👥👥

　ウォーデンの4つのグリーフタスクをあなたのグリーフに重ねて、それぞれの段階で苦労していること、難しいこと、困っていることを考えてみましょう。そして自分なりに工夫したり努力していることも付け加えましょう。

　①死を受容すること

　②喪失の辛さを受けとめること

　③故人のいない世界に順応していくこと

第2章　グリーフの道のりを知る　53

④魂の絆を構築していくこと

身体から学ぶグリーフ

　私たちの身体は、症状となっていろいろなサインを送ってくれています。それを目覚しのアラームに例えてみます。1回のアラームで起きられない人は、スヌーズを設定すると思うのですが、はじめは優しい音で始まります。それでも起きないでいると、音は少し大きくなります。それを無視してまたうとうとしはじめると、今度は寝ていられないほどの大きな音量で鳴りはじめます。その時点で飛び起きる人もいれば、眠っている身体をようやく起こしはじめる人もいるかもしれません。

　グリーフが原因で疲れ、寝不足、食欲不振、胃がキリキリ痛むなどの身体的なサインが出てきたとしましょう。それが1度目のアラームです。それが最近経験した辛い別れの影響だと気がついていなければ、「なんか疲れてるなー」「なんか調子悪いなー」程度の呟きで、エナジードリンクや市販薬の力を借りて仕事に出かけるでしょう。表面的な身体の症状は一時的に緩和

しますが、その原因となっているグリーフにまだ気がついていないために、身体のサインは2度目のアラームとなってやってきます。身体的な症状がくすぶっているため、生活や仕事への影響として現れます。疲れが取れず頭がうまく働かなかったり、物忘れが多くなったり、職場で初歩的なミスをしたり調子は一向に良くなりません。「私ってダメだな」という自責の気持ちや、罪悪感が頭をもたげてきて、精神的なストレスを伴います。原因となるグリーフに対して向き合っていないためにスパイラルは続いていきます。そして3回目のアラームが鳴るときは、身体やこころのサインはかなり酷くなっています。体調を壊して仕事を休んだり、その仕事を続けていられなくなる状態となり、退職せざるを得ない状況に陥る可能性もあります。

　ここでは分かりやすくお伝えするために少し大袈裟に書きましたが、グリーフの影響について身体のサインに気づくことができれば、適切な支援やセルフケアにつなげていくことができます。逆にそれを放っておいたり、無視したりしていることの代償は、思った以上に大きいものです。

　今一度、第1章で触れた主な身体のサインを振り返ってみましょう。

✓不眠・睡眠困難
✓食欲不振
✓倦怠感・疲労

第2章　グリーフの道のりを知る　　55

✓頭痛

✓腹痛・下痢

✓胸が苦しくなる

✓動悸

✓力が入らない

　身体には深い知恵が宿っています。無理をすれば身体を壊しますし、感情が乱されるようなことがあれば、眠れなかったり、食欲不振に陥ったりします。身体は常に私たちの状態を教えてくれているのです。しかし、現代社会に暮らす私たちは「そんな暇はない」となかなかその知恵に耳を傾けることをしません。生産力を高めたり、効率をあげたりするために、身体のサインに気をとめない方が、便利なのです。気づいたときにはすでに酷くなっていた、いや酷くなってからようやく気がついたという経験は誰にでもあるはずです。

　身体とこころは切り離して考えることができません。身体がこころに影響を与える場合もあれば、こころの状態が身体の症状となって現れることもあります。言い換えれば身体をいたわることは、こころをいたわることにもつながっているのです。

　グリーフケアはセルフケアの延長だと述べました。冒頭の「チェックイン」は身体のサインに気をとめることで自分の身体とこころの状態を知るエクササイズです。ここではもう一つ、呼吸法を使ったセルフケアの方法をご紹介しましょう。

呼吸法は身体とこころの両方をリラックスさせる効果があります。家でも、職場でも、電車の中でもできますので、これまで呼吸法に馴染みのない人も気軽に試してみてください。

　呼吸法は、ストレス緩和や、不安、不眠などにも効果があることが証明されています[3]。習慣づければ、たとえ1分であっても5分であっても簡単にセルフケアを実践できるようになります。身体の感覚（状態）への気づきを深めることで、危険信号をいち早く捉え、体調や健康管理をうまくすることができるようになります。

3. Weil, A. "Three breathing exercises and techniques"
　 https://www.drweil.com/health-wellness/body-mind-spirit/stress-anxiety/breathing-three-exercises/

第2章　グリーフの道のりを知る

ココロのエクササイズ：呼吸法の練習

①まずは目を閉じて、周りの騒音やノイズ（人の喧騒など）を頭の中で意識的にブロックしながら、普段の呼吸（鼻から吸って、口から吐いて）を3回繰り返します。なかなか集中できない人は、しばらく普通の呼吸をしながら息に気持ちを集中させましょう。
②準備ができたら、次に長く、深い深呼吸を3回します。息を吸うときは、鼻から息が入ってくる感覚や、肺が広がる感覚に、息を吐くときは、肺が小さくなっていく感覚に気をとめてみましょう。必要に応じて自由に深呼吸の回数を調整してください。

　私は仕事中、気持ちを落ち着かせるために、よくこの呼吸法を取り入れていました。患者さんのお宅に訪問する車の中で、（目は閉じずに）ゆっくり深呼吸するだけでも、「今から気持ちを切り替えていくぞ！」という自分への宣言のような役割だったのだと思います。目の前のことに集中したいとき、嫌なことを引きずりたくないときなど、その意図と一緒に息を整えることで、こころを整えることもできるのです。

ココロのエクササイズ：リフレクション👤ディスカッション＆シェアリング👥

①呼吸法の練習中、どんな身体のサインに気がつきましたか？

②それはどんな部位の、どんな感覚ですか？

③練習後の頭と身体とこころのリラックス度を数字で表してみましょう。

（緊張・ストレス状態）　　　　　（リラックス状態）

頭　　0————————5————————10

身体　　0————————5————————10

こころ　　0————————5————————10

リフレクション：第2章のまとめ　　　　👤👥

　この章では「グリーフの道のりを知る」というテーマ

第2章　グリーフの道のりを知る　　59

で、一般的なグリーフの道のりや、参考になるグリーフ理論を学んだり、身体のサインに気をとめてみる練習をしました。内容を振り返って気づきを書きとめておきましょう。

①新しいグリーフに関する学び

②自己発見

③呼吸法体験

④第2章を終えて感じたこと

⑤グループで話し合いましょう

第3章　グリーフとこころの関係

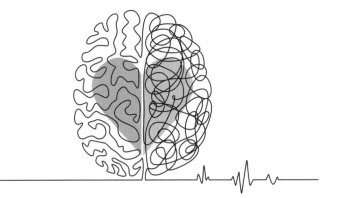

ココロのエクササイズ：チェックイン

第3章に入る前にまずはチェックインです。

①今の身体の調子、気持ち、状態を静かなこころで観察しましょう。

②身体のつぶやき：

　こころのつぶやき：

③今日のあなたをいたわるためにできることを1つ考えて1日のどこかで実行に移してみましょう。

　プラン：

　第2章ではグリーフの身体的な影響について詳しく学びました。この章ではグリーフとこころの関係について考えていきます。

　身体とこころは密接につながっていて常に影響しあっていますが、私たちが普段、こころの動きや感情を気にしながら生活しているわけではありません。

アメリカで生活していると、人から「How do you feel?（どんな気持ち？）」「How are you feeling?（調子はどう？）」と聞かれることがあります。友達が心配して聞いてくれたり、同僚が気遣ってくれてたずねてくれたり、何かいいことがあって「どんな気分？」というニュアンスでもこれらの言葉を投げかけられます。渡米して初めの頃は自分がどんな感情をいだいているのかうまく言葉にできず、答えるのが苦手でした。よくよく考えてみると、そこには2つの問題が重なりあっていました。1つ目は感情のレパートリーが少なかったということ。2つ目は感情を言語で誰かに説明するということに慣れていなかったことです。

感情のレパートリー

　感情は、こころを彩るものです。レパートリーが多いということは、それだけ物事を感じる幅が広く、感性が豊かだということです。例えば、ある絵画に触れて大きな感動を覚えたとしましょう。「すごくよかった」で完結する人もいれば「こころが震えた」「何かに打たれたように衝撃的だった」「涙が出そうになるほど、その色使いに感銘を覚えた」などと表現する人もいるでしょう。後者は、人生経験が増えることで自然に感受性が豊かになった例と言えるかもしれません。

　私が日本で育ってきた経験のなかでは家庭でも学校でも感情との付き合い方というものを学ぶ機会がなかった気がします。

第3章　グリーフとこころの関係　　63

どちらかというと感情というのは人に嫌な思いをさせないように、制御するものということが社会教育のなかで強調されていました。「感情的になる人」は、感情をうまくコントロールできず周りの人に嫌な思いをさせ、予期不可能で、人間として未熟というレッテルを貼られます。一方、「常識のある大人」は、自分の感情を簡単には外に出さず、自分を乱さず、理性を持って冷静に物事を判断し、対処する人という暗黙の了解があります。さらに日本人は感情を「傾向」「気質」「性格」と捉える傾向にあります。「怒りっぽい人」「寂しがり屋さん」「暗い性格」など、形にはめてしまうことで「どうしようもないもの」「変えることができないもの」だと受け入れてしまうのです。それでは、自分や周りに支障があっても、改善の余地がありません。

　ニューヨークの大学院でカウンセリングを学んでいた頃、異文化カウンセリングのクラスで、こんな演習がありました。10人ほどの学生が円になって座り、それぞれのクラスメートに抱いている先入観やイメージを正直に言葉で伝えるというものです。ニューヨークは人種のるつぼ。グループには白人、黒人、メキシコ人、日本人、中国人などがいました。その演習で、黒人のクラスメートに「周りに日本人がいないからあまりよく分からないんだけど」という前置きの後、「日本人は数学が得意で、とても頭がいいというイメージがあるけれど、（感情を外に出さないので）何を考えているか分からない」と言われたことがあります。いい感情も、そうでない感情もあまり外には出

さない日本人が、外国人からポーカーフェースだと思われる理由です。それは決して褒め言葉ではありません。正直かなりショックでした。この演習では自分と見た目の違う人にカウンセリングをする際に、両者の印象というものが信頼関係や、共感に影響をするということを実際に擬似体験して、理解や気づきにつなげる目的がありました。もちろん演習では、お互い何の悪気もなく、正直になれるほど、それが相手の学びになるということを理解した上で参加したので、後で嫌な思いが尾をひくことはありませんでした。実際のカウンセリングでは、セラピストに対するネガティブな印象や違和感というものは、なかなか言語化されないものです。けれども、そこに光をあてて気づきを促したり、言語化したりする作業は、信頼関係を築く上でもカウンセリングを進めていく上でもとても意味のあることなのです。そのためには、カウンセラーは自分の人種や性別、年齢、容姿などが相手にどのような影響を与えうるのかということを理解しておくのが大切になります。

第3章　グリーフとこころの関係　　65

感情の言語化

アメリカで人に「どう思うか」「どう感じているか」と聞かれて、「いやー」「うーん」「よくわからない」と何度答えたことでしょう。認知していないことに対して、それを言語化するというのは無理な話です。日本では、聞き手が察してくれたり気持ちをくんでくれるため、話し手があえて言葉で伝えなくてもコミュニケーションが成り立っていたのですが、海外に出ると、それが両者の価値観のもとに成り立っている暗黙のルールだということがよく分かります。外国では自分の感じていることや考えていることをきちんと表現して、はじめて一人の人間として尊重されたり、存在を認められます。それを痛感したのがニューヨークの大学院時代でした。授業でアメリカ人のクラスメートが活発にディスカッションを繰り広げるなか、ついていけず黙り込んでいる私に対して「授業に貢献していない」代償として低い成績をつけられたのです。頭の中ではすごい速さでいろいろなことを考え、自分の意見をまとめていても、会話がどんどん進んでいくためにあたふたしていたのですが、外から見ればただじっと座り込んでいるように見えたのでしょう。意見を言わないということは、自分の考えを持たないとみなされ授業に貢献していないのと同様なのです。

日本に帰国して、世代間のコミュニケーションを観察してみると、以前にも増して、時代の流れや、価値観の違いから、相手の気持ちを察するということが難しくなっている印象を受けます。ますます相手に言葉で伝えるということが求められる時

代になってきていると感じます。

　感情のレパートリーや、リテラシーを高めることは、コミュニケーションを促すと同時に自分の身に起きた出来事や経験を理解し、それを受けとめる上で、とても役に立つことを心理学を学ぶ過程で知りました。
　感情の言語化は、まず感情を認知し、気づきを高めるところからスタートします。

　この章ではグリーフ体験における感情に焦点を当てていきます。エクササイズでは自己発見を増やしていくつもりで、取り組んでください。「よく分からない」「なんだか違和感がある」「居心地が悪い」という思いも大切な気づきです。そういうときは飛ばしてしまうのではなく、しばらく時間をおいてみたり、違った環境で自分のリアクションを振り返ってみたりしながら、自分のペースで進めましょう。

　以下にグリーフにおける精神面での主な影響を26ページから抜粋しました。主なものを書き出しただけでも16項目あります。全ての人がこれらの感情を体験するとは限りませんが、通常はこうした感情が複雑に入り乱れたり、消えたり現れたりするものです。感情が入り乱れて1つの大きな雪だるまのように感じる人もいるかもしれません。

第3章　グリーフとこころの関係　　67

精神面への影響

麻痺している	ショック	泣いてばかりいる
気がふさぐ	イライラする	孤独感
将来の不安	後悔	罪悪感	絶望感
悲しみ	怒り	寂しさ	恨み
やるせなさ	恐怖感

　上記のリストの中には「コアの感情」と呼ばれる**怒り、悲しみ、恐怖**が含まれています。コアの感情とは気づきやすい、基本となる感情です。頭でプロセスする前に、身体が先に動いてしまいやすいため、あまり気にとめることがないかもしれません。例えば、嫌なことを言われたとき、ついカッとなって酷い言葉を言い返したり（**怒り**）、暴力に訴える人もいます。悲しいことや感動することがあれば、考える前に自然に涙が出るものです。車通りの激しい道で、ひかれないように気をつけるのは恐怖が一役買っています。「怖い」と感じることで、無意識に身を守っているのです。

「コアの感情」には**幸せ**もあります。おいしいものでお腹が満たされて、思わず「幸せー」と表情が緩んだことはありませんか。そのときの表情は誰が見ても幸せを感じているのだと分かるはずです。

感情は私たちにいろいろなことを教えてくれます。

　2015年に公開されたディズニー・ピクサーのアニメーション映画『インサイド・ヘッド』は主人公の少女と少女の中に共存する5つの感情「喜び」「悲しみ」「怒り」「嫌悪」「恐れ」のお話です。感情のキャラクターたちは、どこか愛らしく、それぞれの感情の特色を色や容姿などでうまく捉えています。彼らは少女の頭の中の司令塔から、行動や記憶に影響を与えていきます。「喜び」は少女を幸せな気分にし、「怒り」は不公平を知らせてくれます。「嫌悪」は悪いものを食べたときにすぐサインを出してくれるので、身体を壊さずにすみますし、「恐れ」は危険を知らせてくれます。このなかで「悲しみ」だけは別扱いです。少女を不快にさせる、いらない感情として、仲間外れにあいます。話が進むと、他の感情たちは「悲しみ」によって人が共感し、慰め、励ましあうようになると気づきます。悲しみは人と人をつなぐ感情でもあるのです。

　グリーフの道のりのなかでは、感情がいくつも押し寄せてきます。そして、こころが辛いときはできるだけそうした感情に目を向けずに過ごしたいと思うものです。見ないように閉じ込めておいても、感情が消えることはありません。それどころか気がつかないうちにどんどん大きくなって、身体的な影響を及ぼすようになるかもしれません。

　グリーフが癒しに向かっていくためには、その辛い感情とも<u>いつかは対峙</u>しなければなりません。辛いときは無理をする必

要はありません。しばらくは蓋をして見ないようにしていても、ワークブックから時間をおいても構わないのです。自分のペースで進めるということや、身体とこころの声に耳を傾けるということを頭に置いておいてください。『インサイド・ヘッド』が教えてくれているように、感情たちがときにはぶつかりあい、言い合いになっても、必要のない感情は何もないのです。全ての感情は私たちの一部で、人生を彩っているものです。グリーフの道のりにおいてもどの感情ものけ者にならないように一緒に作業をしていくことでグリーフとうまく付き合っていける方法を見つけていくことができるのです。

　以下に、グリーフの中で多くの人が経験する、10の感情について詳しく見ていきます。それらが自分の司令塔の中で一緒に作業をしているのを想像しながら読み進めてみてください。

グリーフの10の感情

ショック・否定
　一緒に時間を過ごしてきた人がもうこの世にいないという事実は非現実的で、「信じられない」「ピンとこない」と感じるのは当然です。特に亡くなって日が浅いとき、起こったことの重大さに感情が麻痺してしまったように感じることもあるでしょう。それは決して恥ずかしいことでも、おかしなことでもありません。泣けない自分を情けなく思う必要もありません。起

こったことを理解して、受けとめるまでにある程度の時間が必要なのです。何年か経った後でも、ふと「まだ信じられない」と呟くご遺族にたくさん出会ってきました。「信じたくない」という思いもまた自然な感情です。日本人は四十九日までの法要やその後の法事で命を惜しみ、人と分かちあい、語りあい、生活の営みの中でその現実を受けとめていくのです。

怒り

『インサイド・ヘッド』では、「怒り」は不公平なことに対して反応するという役割がありました。大切な人が亡くなってしまったのは、とても不公平なことです。「どうして自分よりに先に？」「どうして今？」「どうして家族を残して逝ってしまったの？」という思いから誰かに不満や恨みを募らせたり、守ってあげることができなかった自分を責めたり、大切な命を奪ってしまった神様や仏様に対して失望したりするものです。ときには怒りを強く抱き続けることでこころと身体に影響が出ることもあります。あるご遺族はカウンセリングのなかでこう呟きました。「悲しみに押しつぶされるより怒りを抱えているほうがずっと楽なんだ」と。誰かのせいにしたり、自分を責めたりしているうちは、グリーフと向きあう準備ができていません。怒りや悔しさの真うしろにある気持ちについて話しているうちに、それが悲しみからきていることに気がつくようになりました。悲しみの奥にあるのは、それ以上に深い愛情です。怒りを手放すことで、グリーフが動きはじめます。

第3章　グリーフとこころの関係　　71

罪悪感

　罪悪感は自分に向けられる怒りです。「あのとき、どうして
こうできなかったんだろう」「こうしておけばよかった」とい
う後悔や自責の念がフラストレーションや苛立ちを増長させま
す。罪悪感はその死を受けとめようと、心が葛藤しているサイ
ンでもあり、あなたが故人を深く愛し、大切に思っているから
こそ、死を防ぐことができなかった自分を責めてしまうのです。
けれども、どんなに悔やんでも、起こってしまったことを元に
戻すことはできません。「自分にはどうすることもできなかっ
た」「あのときこうしてしまった」と認めることは辛く、悲し
いことですが、「できなかったこと」だけを責めるのではなく、
「してあげられたこと」にも意識を向けてみましょう。それは
『インサイド・ヘッド』で「喜び」と「怒り」と「悲しみ」が
一緒に仕事をしているようなものです。グリーフでは一見相反
するような感情たちが共存しているのです。そこに優劣はあり
ません。

不安

　人間関係というのは、お互い、ある程度の依存をしながら構
築されていくものです。依存と聞くと悪いことのように聞こえ
ますが、夫婦間の相互依存はまさしくその例です。私の両親の
時代であれば、女性は家を守り、子どもを育て、男性は家族を
養うというはっきりした役割分担がありました。女性が社会進
出するようになり、家庭での役割というものが以前ほどはっき
りしたものでなくなっても、夫婦生活や家庭生活が相互依存の

上に成り立っているという点は変わりません。

　英語では配偶者のことを愛情をこめて「the other half」と呼びます。「自分のもう半分」という意味で、自分の半分を占めるほど、その存在が大きいということを表しています。頼りにしていたパートナーを失うというのは、家庭においてその人の分まで役割を担うことを意味し、これまでの日常や、ルーティン、将来設計なども全て変わってしまうのですから、喪失の辛さと同時に、これからの生活に対しての不安を伴います。「なんだか落ち着かない」「一人になりたくない」「どうしたらいいか分からない」「どう生きていったらいいか分からない」など、不安というのはぼんやりしていて、はっきり言葉にしにくい感情です。予測できないことや、どうしようもないことに関して湧いてくる感情で、放っておくとそればかりを考えるようになり、不安が不安を呼び、どんどん大きくなっていくものです。そこから抜け出すには、どこかでそのスパイラルを断ち切る必要があります。気が紛れることをして、一時的に気持ちを切り替えてみることです。散歩に出て景色を楽しんだり、運動をして汗をかいたりするのもよいでしょう。友達と美味しいものを食べにいったり、本を読んだり、映画を観たり、好きな音楽を聴いてみたりと、不安なことから頭をそらすことで、そればかり考えている時間から解放されるのです。日記に感じていることを書きとめたり、絵を描いてみたり、可視化するのもうまく付き合っていく方法です。不安に押しつぶされそうになったとき、こうした対処法をうまく活用することで、辛い時

第3章　グリーフとこころの関係　　73

間を乗り越えることができるようになっていきます。

孤独感

　喪失によって大きく変わってしまった自分の世界と外界に、目に見えない壁のようなものを感じる人は少なくありません。自分の世界では「時間が止まってしまった」ように感じていても世界は何の変わりもなく動いていることに違和感を覚え、日常的に普段通り生活している人たちに対して距離を感じたりするかもしれません。それは大切な人を失ったという、あなただけの、あなたにしか分からない経験だからです。周りの人がどれだけ理解をしようとしても、優しく励ましてくれても、孤独感や無常感を拭い去ることはできません。だからといって、自分の殻に閉じこもっていても孤独は深まるばかり。孤独感は自然な感情ですが、それが孤立につながると良い結果を招きません。辛いときこそ、こころを許せる人や親身に気遣ってくれる人と時間を過ごすなどして、人とつながる努力をしましょう。

虚しさ・寂しさ

　どんなに大切な人とも、いつか別れはやってきます。そしてその別れが早すぎたり、無念なものであれば、なおさら虚しさや寂しさが増すことでしょう。配偶者を亡くした辛さや寂しさから、すぐに新しい恋愛を求める人もいますが、往々にしてうまくいかないものです。こころに空いた穴を代わりの人で埋めることはできないからです。悲しみが和らいでも、私たちは虚しさや寂しさを抱えながら、グリーフの道のりを歩んでいくの

です。その空虚感を取り去ることはできませんが、その辛さは時間と共に和らいでいきます。そして、その感情と共に生きていく勇気と覚悟が持てたとき、自然な形で人と出会うことができるようになるはずです。

悲しみ

『インサイド・ヘッド』では「悲しみ」は、他の感情たちに疎まれていました。けれども、大切な役目があると気がつきます。〔悲しみは人と人をつなぐ〕というこのエピソードはまるで私たちのこころの中の葛藤を表しているようです。

家族が近くにいない人にとっては、一日は長く、耐え難いものです。ある高齢のご遺族は奥さんと二人暮らしでした。奥さんが亡くなった後は一日に何度も仏壇に向かい、絶望と罪悪感に涙するという日が続いていました。趣味と呼べるものもなく、家の外に出るのは食料品と仏壇に備える花を買いに行くときぐらい。子どもたちや、近所の人たち、友達が心配するのも無理はありません。深い悲しみは、死に至るまでの記憶や他の感情と絡みあって、鬱を引き起こしていました。死の事実を受けとめ、辛さと対峙しながら生活のリズムを取り戻すまでに約1年の時間を要しました。それまでは周りの支えを受け入れることに慣れていなかったのですが、心配した家族や友人と出かけることが増え鬱の症状も改善していきました。カウンセリングと周りの支援はとてもいい相乗効果だったのです。

相乗効果という意味では遺族会がいい例です。自分と同じよ

うに悲しみに葛藤する人と集まり、分かちあうことで、共感、慈しみ、いたわりのこころが芽生え、その深いつながりが辛さを乗り越えていく大きな力となるのです。悲しみは、誰かを支え、支えられるといういたわりの循環の中で和らぎ、希望や勇気、感謝の気持ちなどに形を変えていきます。

喜び

　欧米において、お葬式はその命を偲び、祝う「セレブレーション」です。参列者は思い出を語りながら、故人の「生」を懐かしみ、讃え、弔うのです。祝うなどとは、不謹慎だと思われるかもしれませんが、それはまさしく「悲しみ」と「喜び」が一緒に大切な命を偲んでいるのです。その命が失われたことは辛く、悲しいことですが、故人と喜び、笑いあったのも全て大切な思い出の一部です。グリーフは悲しみに暮れて過ごすだけの時間ではありません。その命がもたらした生の美しさや喜びも同時に思い返す時間です。

感謝

　たとえ出会いが別れに終わっても、その出会いがあなたの人生にもたらしたものは何にも変えることができません。故人から教えられたことや与えられたこと（もの）に感謝は尽きないでしょう。私はホスピスで終末期の患者さんたちに、魂の目を育てていただいたと思っています。亡くなった方の命や、思い出、その方々から受けたものや、与えてもらったものを通して、あちらの世界と深くつながっていると感じるようになりました。

そう考えると、自分が生まれてきたということも、命を与えてもらったと思うようになり、自分の命の価値や意味というものをさらに大きく感じるようになりました。与えてもらったのだから、感謝の気持ちが湧いてくるし、意味があるのだからそれに真摯に向き合いたいと思うのです。

愛情

　愛情が深ければ深いほど、悲しみも深いものです。その別れが辛すぎて「愛さなければよかった」「出会わなければよかった」と思う日があるかもしれません。しかし、いつかその喪失から、失ったものよりも、受け取ったものの方が大きいことに気がつきます。そして「別れの辛さを経験しても、出会えてよかった」と思える日がやってきます。愛情は決してなくなることはありません。あなたと共にこれからも生き続けます。

　全ての感情はグリーフの一部であり、私たちと故人、私たちと周りの人をつなぐ糸です。一見、それぞれが孤立して、私たちに影響を与えているように見えますが、それぞれに役割があり、出来事や状況に対して気づきをもたらし、私たちの人生を豊かにしてくれるものなのです。

　グリーフの道のりは、こうした気づきや自分発見を繰り返しながら、こころと魂の関係を育んでいく旅です。

第3章　グリーフとこころの関係　　77

ココロのエクササイズ：リフレクション🧍ディスカッション＆シェアリング👪

①10の感情で、一番こころに響いたものは何ですか？

②その理由は？

③あなたの感情のリテラシー（知識や理解）にどのような変化がありましたか？

グリーフと鬱

　グリーフの影響は鬱の症状と重なるところがあるため、鬱になったのではないかと心配する人が多くいます。大きな違いは、グリーフの深さと長さにあります。通常のグリーフの場合、喪失直後はまるで鬱になったような身体的・精神的な辛さを経験しても、時間と共に緩和されていくものです。それに対して、

鬱は時間と共に症状が薄れるとは限りません。これはこれまで鬱にかかったことがない人の例で、もしすでに鬱を抱えている人であれば、一時的に症状がひどくなるかもしれません。

　グリーフの葛藤を「これまで経験したことがない」「自分じゃないみたい」「これまで当たり前にできてたことができなくなってしまった」などと表現する人がいます。そんなときは、自分が自分でなくなってしまった気がして不安になるものです。

　ほとんどの人のグリーフの反応は、時間と共に緩和されていくものの、どれくらいの時間がかかるかは人によって異なります。それが数ヶ月だとしても、半年だとしても、こうした症状を抱えながら日常を過ごすのは辛いものです。生活や仕事にどれほどの支障をきたしているのかによって、我慢せずに専門家に相談することをおすすめします（第2章の複雑性悲嘆参照）。

　遺族会は他のご遺族から体験談を聞くことのできる機会です。「分かち合いの会」「遺族サロン」「グリーフカフェ」などの名前で多くの団体が支援を提供しています。主催者によって、場所も、会の形式も、会の内容も異なりますが、目的は同じです。大切な人を亡くした人たちが語りあい、支えあう場です。

　私が勤務していたハワイのホスピスでは2人のグリーフカウンセラーが月1回、4つの場所で遺族会を開いていました。初めて来る人にとってはとても勇気がいるものです。どんな人が来

第3章　グリーフとこころの関係　　79

ているかも分かりませんし、会ったこともない他人にこころの中のことを話すなど、考えられないと思うのは当然です。「まずは人の話を聞くだけ」というつもりでも構いませんので、一度試してみてください。自分に合わないと思えば、無理に続けて通うことはありません。「まずは様子を見てから」と思ってやってきた人が、一番よくお話しされたり、はじめは涙で言葉が出なかった人が、いつしか励ます側になっていたこともありました。人の話を聞いていると「そういえば自分もそうだった」と思い出したり、どんなに辛くても、笑って話せるときが来るのだと知ったりすることができます。10名メンバーがいれば、10通りのグリーフの道のりに触れることで、たくさんの発見や気づきを得ることができるのは貴重な体験です。

ココロのエクササイズ：マイ対処法 👤 👥

　これまでどんなグリーフの対処法を試したことがありますか？　効果があった、なかったにかかわらず思いついたものを下の表にリストしてみましょう。

対処法（具体的に）	効果を0〜10で示してください （0＝効果なし 10＝大きな効果）	どんな変化がありましたか？
例：数ヶ月遺族会に参加した	6	他の人の経験を聞くことができた
例：気ばらしに1時間散歩に出かけるようにした	7	気持ちがまぎれた
例：寝られないときに酒を飲む	4	夜中に目が覚める

ココロのエクササイズ：新しい対処法を試してみる 👥

　上記の表の中で、役に立っているものと、あまり役に立っていないものを話しあってみましょう。他の人が話し

第3章　グリーフとこころの関係　81

た対処法で、新しく試したいものや、ヒントがあれば、書きとめておきましょう。

新しい対処法1　　　　　　　　ヒント1

新しい対処法2　　　　　　　　ヒント2

新しい対処法3　　　　　　　　ヒント3

グリーフを滞らせない

東洋医学では【気】の動きが悪いと落ち込みの原因になると考えるそうです。そのために【気】を動かすということが予防や養生につながります。これはグリーフの対処法としてもとても役に立つ考えです。第2章で紹介したウォーデンの4つのタスクと合わせて考えてみましょう。

グリーフの4つのタスク
1. 死を受容すること

2. 喪失の辛さを受けとめること
3. 故人のいない世界に順応していくこと
4. 魂の絆を構築していくこと

　グリーフカウンセリングに来る人はほとんどがどこかの段階でグリーフが滞っていて、自分一人ではうまくグリーフの流れを取り戻せないでいます。そして、私が出会った多くのご遺族はどうしたらいいか分からないまま、一人で我慢していました。それは荒れたグリーフの海で、身体を硬くして、いつか海が穏やかになるのをじっと待っているようなものです。何日経っても海が静まる様子はなく、こころと身体が疲弊していきます。

　次ページには、これまでのグリーフカウンセリングの経験から、ウォーデンの4つのグリーフタスクをもとに、具体的な特徴とその対処法を表にしました。どこかの段階でグリーフが滞ってしまったように感じるとき、辛さがなかなか和らがないときなどの参考になるでしょう。大切なことは「仕方がない」と我慢したり、「こんなもんだ」と良くなるのをじっと待つのではなく、自分にできることをやってみるという姿勢です。落ち込みがあって何もしたくないと感じるときもあるかもしれません。そういうときこそ、そこにじっととどまるのではなく、あえて何かしら試してみる、頭と身体とこころを動かしてみることで、グリーフが動きを取り戻していきます。ここでは分かりやすいように「段階」という言葉を使っていますが、これは1から4まで順番に達成していくものだという意味ではありま

せん。行ったり来たり、ときには同時に経験したりしていくものです。そうやって、時間と共に少しずつ辛さが和らいでいくのです。

停滞している段階	特徴	課題・対処法
1. 死の受容	喪失の否定 考えないようにする 故人の部屋を触らない 持ち物を全ておいておく 写真を見ない	焦らない 規則正しい生活 話す・可視化する 法要・お墓参り 人とつながる
2. 辛さを受けとめる	泣いてばかりいる 孤立・引きこもる 思い出すものや場所を避ける 自分や他者を責める 人に依存する	規則正しい生活 適度な運動 日常のルーティンの継続 感情に正直になる グリーフと生活の切り替え
3. 新しい生活への順応	同じルーティン 新しいことを避ける 故人の世界観で生活 「人生に意味がない」	自分のルーティンを作る 趣味を見つける 周りの人を大切に 悲しみと喜びのバランス
4. 魂の絆の構築	孤立・孤独 死後の世界・魂の否定 すぐに恋愛や出会いを求める	魂のリチュアル（儀礼） 記念日や家族の行事 愛情と感謝を共有 生きた証を残す

「死の受容」の段階では焦らず、自分をいたわりながら、規則正しい時間をこころがける中で自然と受け入れられるようになるものです。辛いときは故人を思い出すものは見たくないという気持ちを抱くのも自然なことで、決して悪いことではありません。しかし無理をしてすぐに写真や思い出の品を処分してしまうと、あとで後悔することになります。辛くていたたまれないときは、なるべく普段の規則正しい生活をこころがけ、大きな決断や極端な行動を避けるようにしましょう。

「辛さを受けとめる」のは受け入れることとは異なります。

　それを誤解していると、「受け入れたくない」という思いから、喪失を思い出させるものや場所を避けたり、誰かを責めたり、辛さを紛らわせるためにやみくもに何かに打ち込んだりするかもしれません。受け入れられるようになるためには、誰にでも時間が必要です。一方「受けとめる」というのは、「信じられない」「信じたくない」という思いも含めて、その辛さや葛藤に向き合うということです。規則正しい生活をこころがけながら、できるだけ日常のルーティンを維持し、グリーフと、生活のバランスをうまく取っていくことが鍵となります。

「新しい生活への順応」のなかの生活のパターンや、ルーティン、趣味、余暇、人間関係などを振り返ると故人の存在の大きさを実感します。それは辛くもあり、また故人をそばに感じることができるときです。多くの人はこれまでの生活を変えることに、まるで故人を裏切っているかのような罪悪感やためらいを持つものです。なかには人生を楽しんではいけないと自粛して過ごす人もいます。これから先、何年生きるかわからない人生、そういう思いで過ごすのはとても残念です。まずは自分自身に残りの人生を豊かに生きる許可を与えてあげること。故人とは見えない絆でいつも結ばれているのですから。

　昔から先祖や亡くなった方を敬う日本人は「魂の絆の構築」はすでに馴染みのあるものです。それでも簡略化されたり、形式だけになりつつある現代では、故人との見えない絆を深める儀式や儀礼の意味が揺らいできているといえるでしょう。故人は私たちの日常のなかにも存在します。記念日や家族の行事の

第3章　グリーフとこころの関係　　85

際に、思い出話をしたり、故人が好きだった料理を作ってみたり、微笑ましいエピソードを語りあう場所にも、共に存在します。こころと魂の絆には、終わりがありません。それどころかどこにいても、誰といても、何があっても、いつも私たちと共にあるものです。

ココロのエクササイズ：リフレクション🧍ディスカッション＆シェアリング👫

①84ページの表のそれぞれの段階と停滞の特徴をみて、自分のグリーフ体験で思い当たるものを書き出してみましょう。

②新しく試してみたい対処法を3つリストアップしてください。
・

・

・

第3章ではグリーフとこころの関係について考えました。感情に触れたり、こころをたくさん動かしましたので、章の最後は呼吸法を使って、身体とこころを静めていく練習をしましょう。

　呼吸法は第2章でも練習をしましたが、神経組織に働きかけて、交感神経を鎮め、副交感神経の働きを活発にする役割をします。その他にも、不安を和らげる、血圧を下げる、睡眠を促進する、痛みを和らげる、集中力を高めるなどの効果[1]が報告されています。

　私たちの身体は、起きているときには交感神経が活発に働き、身体の機能や活動を支えていますが、夜になると副交感神経の働きが高まり、自然にリラックスして睡眠に備えるようになっています。ところが夜遅くまで仕事をしていたり、ベッドに入ってからもスマートフォンで動画を見ていたりすると頭が冴え、眠りの妨げになります。それはまだ交感神経が優位に働いているからです。

　私は夜寝付きにくいときや、仕事中に気持ちの切り替えが必要なとき、ストレスでイライラしているときなどに呼吸法を取り入れています。状況によって深呼吸を何度かくり返すことでうまくリラックスできるときもあれば、以下に紹介する4-7-8呼吸法を並行して使うときもあります。呼吸法も自分でいろいろ試してみることで、自分に合ったものを見つけたり、TPO

第3章　グリーフとこころの関係　　87

に合わせて使い分けをしたりするとよいでしょう。道具箱の道
具は多い方が、選択肢が広がります。

1. WebMD Editorial Contributors reviewed by Gabriela Pichardo MD.

   What to Know About 4-7-8 Breathing. WebMD.

   https://www.webmd.com/balance/what-to-know-4-7-8-breathing

それでは4-7-8呼吸法を練習してみましょう。

ココロのエクササイズ：4-7-8呼吸法でリラックス

①まずは落ち着ける場所で椅子にしっかり腰掛けて目を閉
じ、こころの準備をしましょう。

②何度か通常の呼吸をしながら、こころと身体を落ち着か
せ、身体の居心地の悪い感覚や、辛い感情を解放する意
図を持ちましょう。

③ここから呼吸法のスタートです。頭の中で数を1、2、
3、4とゆっくりカウントしながら、鼻からゆっくりと
息を吸い込みます。

④肺がいっぱいになったら息を止めたままで、1、2、3、
4、5、6、7と頭の中でカウントします。

⑤次に1、2、3、4、5、6、7、8、と頭の中でカウントしながら、口からゆっくりと息を吐きます。肺の中の息を全部吐ききるようにしましょう。

⑥これをあと3回続けます。

　息が続かなくなったり、息が途中で切れてしまう場合は、カウントを少し早めて練習してみましょう。慣れてくると、深い息を使って呼吸をすることができるようになります。大切なのは4（息を吸う）－7（息を止める）－8（息を吐く）の比率を守るということです。

リフレクション：第3章のまとめ

　第3章では「グリーフとこころの関係」について考えました。振り返って気がついたことをグループで話しあったり、書きとめておいたりしましょう。

①グリーフに関する新しい学び

②自己発見・自分のグリーフへの気づき

③4-7-8呼吸法の感想や効果

④第3章を終えて感じたこと

⑤グループで話し合いましょう

　第4章の準備：第4章のテーマは「大切な人を悼む」です。思い出の品を近くに置きながら作業していきます。グループで集まっている場合、集まる際に思い出の品を持ち寄ってください。

第4章　大切な人を悼む

ココロのエクササイズ：チェックイン

　第4章に入る前に、チェックインタイムです。
①今の身体の調子、気持ち、状態を静かなこころで観察しましょう。

②身体のつぶやき：

　こころのつぶやき：

③今日のあなたをいたわるためにできることを1つ考えて1日のどこかで実行に移してみましょう。

　プラン：

この章に入る前に：
①第4章では亡くなった大切な方に想いを馳せ、一緒に過ごした時間や、思い出を振り返ります。

②その方との思い出の品や、遺品で大切にしているものを

> 手元に置きながら進めていただくと、より深く記憶を遡ることができるでしょう。グループで作業している場合は、集まるときに思い出の品を1つ持ち寄ってください。

　日本には亡くなった方を偲び、敬い、慰め、供養する法要や、冥福を祈る行事が一年を通していくつもあります。私たちはこうした風習を守りながら、巡る季節のなかで、旅立った方々に想いを馳せ、心を慰めてきました。そうした文化の影響は、社会、地域、家族、個人の中で形を変えながら、受け継がれています。

日本の文化における死の悼み方

　日本を離れて30年、海外のいろいろな土地に住んできました。ニューヨークのような大都会から、自然に囲まれたノースカロライナの小さな町、田園が続くカリフォルニアの田舎町、常夏のシンガポールやハワイまで、振り返ると30年という時が、走馬灯のように思い出されます。どこに何年住んでも、変わらなかったのは、自分は日本人であるという実感と、季節を愛で、慈しむ自然とのつながりです。

　自然の中には、生けるものが栄え、いつか朽ちていくという、命の循環があります。ホスピスで人生の最終段落に携わるなかで、命の持つ輝きが終わりに向かっていくにつれてさらに輝き

を増すこともあるということや、残された人たちが目に見えない形でその命を受け継いでいくという命の循環でした。

「暑さ寒さも彼岸まで」は誰もが知っていることわざです。季節をまたいで春と秋の2回巡ってくるお彼岸。このことわざは気候の変化について触れているものですが、気候を人生に例えて理解することもできるというお話は第1章でしました。

　ある年の春、ちょうど桜が散る時期に奈良の吉野を訪れたことがあります。風に吹かれて一斉に舞う桜吹雪に、満開の桜以上に心をうたれたのは、私が終末期医療に携わっていたからかもしれません。それとも自分の人生が折り返し時点を過ぎ、残りの人生について考えるようになったからでしょうか。限りある命は、儚い美しさで満ちていました。私たちは自然との深いつながりのなかで散ってゆくもの、朽ちてゆくものに対して、悲しみだけでなく、命がまっとうした美しさへの感動や感謝の気持ちさえ抱きます。

　実際、私たちの命の終わりが、桜のように美しいわけではありません。肉体が徐々に死に向かっていくのは、苦痛を伴う壮絶で過酷なプロセスです。そしてそれを見守るものにとっても、こころを引き裂かれる時間です。その苦痛や苦悩をできるだけ和らげるのが緩和ケアやホスピスケアの役割です。季節のなかに身を置くと、大切な命も、それを喪った辛さも、季節と同じように移り変わっていくのだということに気づかされます。

　以下に季節の行事や人生の節目を書き出しました。毎日、目

94

まぐるしく時間が過ぎていると、季節の移り変わりなどに目を向ける暇もないものですが、こうして眺めてみると私たちが自然と共にあり、その移り変わりを愛でながら生活を営んでいることが分かります。そしてその行事や節目の一つひとつに家族の思い出が宿っています。

1月（睦月）正月、初夢、書初め、七草粥、成人式

2月（如月）節分、立春

3月（弥生）桃の節句、春分の日、お彼岸、卒業式

4月（卯月）入学式・入社式、花見

5月（皐月）端午の節句、母の日

6月（水無月）梅雨、父の日、夏至

7月（文月）七夕

8月（葉月）立秋、お盆

9月（長月）敬老の日、十五夜、秋分の日、お彼岸

10月（神無月）十三夜

11月（霜月）立冬、七五三

12月（師走）冬至、大晦日

その他：一回忌、三回忌、七回忌、十三回忌、祥月命日など

ココロのエクササイズ：季節を通じて大切な人を偲ぶ

　故人を偲ぶ行事や法要、習慣、またはあなたが個人的に大切にしている習慣や、儀礼はありますか？　前頁のリストを参考にしながら振り返ってみましょう。

　1月・2月・3月：

　4月・5月・6月：

　7月・8月・9月：

10月・11月・12月：

ココロのエクササイズ：故人との思い出の品
リフレクション＆ライティング👤シェアリング👥

　お持ちいただいた思い出の品に関して、それを選んだ理由や、エピソードについて書いてください。グループで作業している場合は、その品を他の方に紹介しながら、エピソードを話してください。以下の質問を参考にしても構いませんし、自由にシェアしても構いません。

①　故人とはどんな関係ですか？

②　いつ、どこで、どのように亡くなられましたか？

③　どんな方でしたか？（人生、見かけ、性格など）

④　自分にとってどのような存在ですか？

第４章　大切な人を悼む　　97

⑤　思い出の品について書いて（話して）ください。

日常の生活のなかで想う

　これまでお会いしたご遺族の多くは、日常の生活のなかで、自然な形で故人に思いを馳せたり、こころで語りかけるということをしていました。生前のように、話しかけたり、抱きしめたりすることができなくなっても、こころや魂でつながっていることを、命の深いところで知っているのです。それが科学で証明されていなくても、私たちのなかのこの真実がこころと魂の関係を紡いでいくのです。

ココロのエクササイズ：思いを馳せるとき

　あなたはどのように、故人に思いを馳せたり、こころで
つながったりしていますか。あなたに当てはまるもの全て
に✓をつけてください。当てはまらないものがある場合は
「その他」に書き足しておきましょう。グループで作業し
ている人は答えや「その他」を話し合いましょう。

☐仏壇に挨拶をする・手を合わせる
☐写真に話しかける
☐「おはよう」「おやすみ」などの挨拶をする
☐困ったとき、「助けて」と語りかける
☐嬉しいとき、報告をする
☐その人の分も食事を作る
☐その人の好きだったテレビ番組を観る
☐その人の趣味を引き継ぎ楽しむ
☐その人の着ていたものや、つけていたものを身につける
☐遺灰をしばらく家に置いておく
☐その人の着ていたものをリメイクする
☐お墓に行って拝む、お供えをする、話しかける
☐特別な香り、景色、場面、音楽に触れることで、ふと思
　い出す
☐記念日や家族の行事の際には、その人の思い出話をする
☐故人を知る人と集まって思い出話にひたる

第4章　大切な人を悼む　　99

□その他
（　　　　　　　　　　　　　　　　　　）

　これらのことを自然にしている人でも、こうして書き出してみると、大切な人と日常を通して密接につながっていると実感するでしょう。あまり気にとめてこなかった人でもリストを参考に、新しい機会を持ってみてはいかがでしょう。頭やこころのなかだけで思いを抱いていた人も、能動的に行動することでつながりを深めることができます。

不思議な体験

　以前、ホノルルの歩道で信号を待っているとき、どこからともなく金木犀の香りが鼻をくすぐりました。どこを見回しても周りはビルばかり。近くに金木犀など咲いていません。その香りがもたらしてくれたものは、小さい頃の思い出でした。一瞬にしてあの頃の記憶が蘇ったのです。小さい頃に育った家。その庭にあった金木犀の木。オレンジ色のかわいい花がなんとも言えない甘い香りを放っていました。そして、記憶はそれにとどまらず、直感的に母の存在を感じたのです。こうした体験をどう解釈するのかに正しい答えはありません。科学的な根拠もありません。なんの意味もなさないと、否定的な人もいるでしょう。しかし、私はその瞬間、金木犀の香りに乗せた母から

のメッセージをたしかに受け取った気がしたのです。

「忙しそうにしてるけど、たまには私や家族のことも思い出しなさいよ」

　グリーフカウンセリングや遺族会では、こうした不思議な体験を多く耳にします。それが事実かどうか、証明できるかどうかは関係ありません。大切なのはその体験によってご遺族が安らぎを感じられたか、亡くされた方と深くつながることができたかということなのです。

不思議な体験1
　40代の息子さんを亡くしたお母さん。生前困ったとき、いつも彼を頼りにしていました。亡くなってから、お母さんが息子さんと会話するのは車の中です。朝出かけるときには「今日も一日見守ってね」、道に迷ったときは「お願い！道を教えて！」、無事に帰宅すると「今日もありがとう」などと話しかけます。ただ単に感謝や愛情の気持ちを伝えることもあります。お母さんはこうしたやりとりは決して一方通行ではないと確信しています。悲しみに落ちこんでいるときに車のラジオから息子さんの大好きだった曲が流れてきたときには「元気を出して」と言われている気がして励まされました。涙を抑えきれないときも、いつも一緒にいてくれていると思っています。

第4章　大切な人を悼む　　101

こうした体験というのは、同じ現象であっても人によって受け取り方や意味が異なります。それは関係性や一緒に過ごした経験のなかで解釈されるものだからです。そして、不思議なことに、「あちらからのメッセージがほしい！」「夢にでもいいから会いにきて！」と祈るように待ち望んでいるときには、なかなかサインに気がつかないものなのです。あちらからのメッセージは、自分が思うように届くとは限らず、思いもよらぬ形でやってくるようです。次の体験記はその例です。

不思議な体験2
　80代の女性は、長く連れ添った最愛の旦那さんを亡くしたばかりでした。お互いが同じ高校の同級生で、初恋の相手同士。人が羨むほど仲が良いおしどり夫婦で旦那さんが定年を迎えてからはどこに行くにも一緒でした。旦那さんが亡くなってしばらくは何をする気にもならず、家で悲しんでばかり。家族が心配して連れ出そうとしてくれたり、旅行に誘ってくれたりしますが、旦那さんのいない日々は辛く寂しく、生きる意味すら感じられません。そんなとき、遺族会に誘われ、渋々顔を出すことにしました。他の遺族が夢で再会した話や、鳥や蝶になって会いにきてくれる故人の話を聞いて、励まされるどころか「どうして私には会いにきてくれないんだ」と憎らしく、惨めな気持ちになるばかりです。それでも続けて参加していたある

日、家の中の電気の調子が悪いことに気がつきました。間接照明の電球がいくつも同時に切れたり、天井の電気がチカチカしたり、ついには電化製品が壊れるまでに。電球を替えたり、壊れたものを直すのは旦那さんの役割です。余計に腹立たしく、悲しい気持ちを抑えることができませんでした。すると次の瞬間何かが頭に閃いたのです。旦那さんの仕業に違いない！　旦那さんは茶目っ気のある人で、生前彼女のことをよくからかっていました。それは二人の間では、仲睦まじく、愛情に溢れたやりとりだったのです。いつまでもメソメソしている彼女をからかって電気をチカチカさせたり、電球を切ったりして困らせているのです。それは「いつもここにいるよ」というメッセージでした。

　この体験後、彼女のグリーフは大きく変わりました。それまでは辛さに涙したり、後悔や罪悪感について話すことが多かったのが、旦那さんをそばに感じることができるようになってからは、旦那さんのことをおもしろおかしく話したり、外に出かけるようになったり、他の遺族を励ます中心的な存在となりました。

　ご遺族の誰もが望むのは、あの頃の元気な姿で夢に現れてほしいということです。先の女性も遺族会で「どうしてうちの主人は夢で会いにきてくれないの」と苛立ちと悲しみの混じった声で訴えていました。けれどもそれだけをずっと思い詰めて

第4章　大切な人を悼む　103

願っていると、他のサインに気がつきません。電気系統のイタ
ズラは彼女がちょうどご主人と夢で会うことを諦めて、口にし
なくなったときに起こりました。一度こころをオープンにして
みると、そうしたサインは周りにいくつもあることに気がつき
ます。「つながっている」という感覚は、ご遺族にとっては深
く、確かで、揺らぎのないものなのです。

　故人とのこうしたエピソードや、コミュニケーションを話し
ているご遺族はとても穏やかな空気をまとっています。遺族会
では、1人が話をすると、「そういえば」となり、次から次へと
体験談が止まらなくなります。こうしたエピソードに深くここ
ろを動かされるのは、参加者が自分の体験に重ねあわせ、こころ
ろと魂の絆を実感するからです。

ココロのエクササイズ：あなたの不思議な体験　👤👥

　あなたにはこんな不思議な体験はありませんか？　これ
まで気にとめていなかったようなことも、紹介した例から
思い出すこともあるでしょう。そうした体験を思いおこ
し、その体験を通してどんなメッセージを受けとったか考
えてみましょう。

体験1：

郵 便 は が き

料金受取人払郵便

新宿局承認

2524

差出有効期間
2025年3月
31日まで
（切手不要）

160-8791

141

東京都新宿区新宿1－10－1

㈱文芸社

　　　　愛読者カード係 行

|||..||..||..||.|..||||.|.|..||.|.|.|.|.|.|.|.|.|.|.|.|

ふりがな お名前		明治　大正 昭和　平成	年生　　歳
ふりがな ご住所	□□□-□□□□		性別 男・女
お電話 番　号	（書籍ご注文の際に必要です）	ご職業	
E-mail			
ご購読雑誌（複数可）		ご購読新聞	新聞

最近読んでおもしろかった本や今後、とりあげてほしいテーマをお教えください。

ご自分の研究成果や経験、お考え等を出版してみたいというお気持ちはありますか。

ある　　　　ない　　　　内容・テーマ（　　　　　　　　　　　　　　　　　　）

現在完成した作品をお持ちですか。

ある　　　　ない　　　　ジャンル・原稿量（　　　　　　　　　　　　　　　　）

書 名							
お買上 書 店	都道 府県	市区 郡	書店名				書店
			ご購入日	年	月	日	

本書をどこでお知りになりましたか?
　1.書店店頭　　2.知人にすすめられて　　3.インターネット(サイト名　　　　　)
　4.DMハガキ　5.広告、記事を見て(新聞、雑誌名　　　　　　　　　　　　　)

上の質問に関連して、ご購入の決め手となったのは?
　1.タイトル　　2.著者　　3.内容　　4.カバーデザイン　　5.帯
　その他ご自由にお書きください。
　(　　　　　　　　　　　　　　　　　　　　　　　　　　　　　　　　　　　)

本書についてのご意見、ご感想をお聞かせください。
①内容について

②カバー、タイトル、帯について

弊社Webサイトからもご意見、ご感想をお寄せいただけます。

ご協力ありがとうございました。
※お寄せいただいたご意見、ご感想は新聞広告等で匿名にて使わせていただくことがあります。
※お客様の個人情報は、小社からの連絡のみに使用します。社外に提供することは一切ありません。

■書籍のご注文は、お近くの書店または、ブックサービス(☎0120-29-9625)、
　セブンネットショッピング(http://7net.omni7.jp/)にお申し込み下さい。

あなたへのメッセージ：

体験2：

あなたへのメッセージ：

体験3：

ココロのエクササイズ：ディスカッション＆シェアリング

　グループで作業している方は、それぞれの不思議体験エピソードを紹介しあいましょう。

　こうしたエピソードから、亡くなった方と「つながっている」「見守られている」と実感でき、こころが温かくなったり、励まされたりします。その方がもうこの世にいないという現実を変えることはできませんが、今も「こちら」と「あちら」が目にみえない糸でつながっていると思えることで、今は悲しくて、辛くても、また明日に向かって生きていく希望となるのです。こころと魂の絆を強く持っている人は、グリーフの回復も早く、悲しみの中にあっても出会えた喜びや感謝の気持ちを見

第4章　大切な人を悼む　105

つけ、思い出を生きる力に変えていくことができるのです。

　ここで私の好きな詩を紹介します。

あなたを想うとき
（ユダヤ教の祈りの本より）
翻訳：森田亜紀

太陽が登るとき、日が沈むとき
あなたを想います

風が強く吹く日、風が冷たく感じる冬に
あなたを想います

蕾がほころんで、春が訪れようとしているとき
あなたを想います

空の青さや、夏の日差しの中に
あなたを想います

落ち葉が重なり合う、秋の美しさの中に
あなたを想います

一年の始まりと、一年の終わりに
あなたを想います

心が不安で、誰かに励ましてもらいたいとき
あなたを想います

自分を見失って、心が張り裂けそうになるとき
あなたを想います

喜びを分かち合いたいとき
あなたを想います

生きている限り、わたしたちと共にあるのですから、
あなたを失うことはありません
あなたを想います

この詩には、旅立った人への深い思慕が「あなたを想います」という短い言葉で何度も描かれています。まるで「あなたを想います」と語りかけることで、結ばれていた透明の糸がぽっと光を放つようです。詩の最後にあるように「あなた」は巡りゆく季節のなかに存在し、しっかりと私たちとともにあるのです。完全に失うことはありません。それは永遠に存在することを意味しています。

ココロのエクササイズ：あなたが想うこと

　この詩を読んで、どんなことを感じましたか？　またどの部分に一番こころをひかれましたか？

ココロのエクササイズ：「あなたを想うとき」あなたバージョンを作る

「あなたを想うとき」を見本にしてあなたバージョンを作ってみましょう。一度に完成させなくても、少し書いて、また数日後に書き足すという作り方でも構いません。あなたらしい形で、この世に1つしかないあなたの詩を作ってみましょう。

「あなたを想うとき」

あなたを想います

あなたを想います

第4章　大切な人を悼む　　109

あなたを想います

あなたを想います

あなたを想います

あなたを想います

あなたを想います

あなたを想います
あなたを想います 生きている限り、わたしたちと共にあるのですから、 あなたを失うことはありません あなたを想います

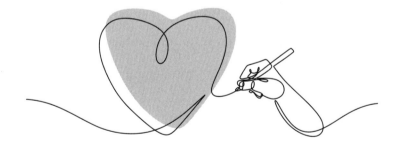

ココロのエクササイズ：作った詩を声に出して読んでみる

　自分の体験を紡いだ詩を声に出して読んでみると、また違った情景が浮かんできたり、書いているときにはなかった感情が湧き上がってきたり、自分発見があるものです。大切な人にこの詩を贈るような気持ちで朗読してみましょう。

リフレクション：第4章のまとめ

　第4章では「大切な人を悼む」というテーマで、日本文化における喪の営みや、家族、個人で故人を偲ぶという機会をもちました。章の内容を振り返って気がついたことや感想などを書きとめておきましょう。

①グリーフに関する学び

②自己発見・自分のグリーフへの気づき

③第4章を終えて感じたこと

④グループで話し合いましょう

第4章　大切な人を悼む　113

第5章　大切な人の支えになる

ココロのエクササイズ：チェックイン

　第5章に入る前に、いつものようにチェックインタイムです。

①今の身体の調子、気持ち、状態を静かなこころで観察しましょう。

②身体のつぶやき：

　こころのつぶやき：

③今日のあなたをいたわるためにできることを1つ考えて1日のどこかで実行に移してみましょう。

　プラン：

　家族や友人、同僚、知り合いが深いグリーフのなかで葛藤しているとき、何らかの力になりたいと思うものです。しかし、多くの人は「何と声をかけたらいいのかわからない」「何をしたらいいのかわからない」と立ち止まってしまいます。相手に嫌な思いをさせたくない、気まずい雰囲気を避けたいというよ

うな気持ちも同時にあるためでしょう。相手を気遣うあまり、こうしたためらいが生まれるのです。

　第5章では、これまでの経験やグリーフワークでの気づきをもとに、大切な人の支えになることについて学びを重ねていきます。

　まずはご遺族から、「周りの人からの助け」に関する体験談をいくつかご紹介します。

体験談1 「やたらと再婚を勧めてくる人」
　数ヶ月前に日系人の妻を病気で亡くした白人男性は憤りの混じった声で、こんな体験を話してくれました。まだ深い悲しみのなかで、辛い毎日を過ごしていたある日、知り合いが声をかけてくれたそうです。すると、再婚を勧めてくるのでした。彼はその非常識さに腹が立ったものの、知人が心配して励ましてくれているのも理解できました。その場では何も言わずにやり過ごしましたが、またこんなころないことを言われるのではないかと、人と集まるのが怖くなったそうです。

　新しい出会いから、新たな生きがいや幸せを見つけてほしいという励ましの意図があるのは分かりますが、こうした声かけ

第5章　大切な人の支えになる　117

は、時期によっては相手を深く傷つけることにもなります。どんなに良いご縁があったとしても、逆効果になってしまいます。

体験談2「冷たい人！」

　アルツハイマー病の母親を12年見守り、看取った女性がいました。24時間の介護が必要になってからは自分の仕事も趣味も諦め、家庭がありながら、母の家に住み込んで全身全霊で尽くしました。亡くなると、しばらくは深い悲しみから、何も手につかない状態が続き、自分の生活のリズムを取り戻すことができないでいました。ある日、彼女を訪問すると、えらく腹を立てていました。わけを聞いてみると、お兄さんに「これまで自分の人生を介護に費やしてきたのだから、これからは自分のために生きていくんだよ」と言われたというのです。それが彼女にとっては「早く母親のことは忘れろ」と聞こえたのです。死後すぐに仕事に復帰し、普段と変わりなく日常を過ごせているお兄さんが「母への愛情が薄い、冷たい人間」に映ったのでしょう。

　一方に励ましたい、助けてあげたいという思いがあっても、受け取る側の状況や状態によって、うまく伝わらないことがあります。たとえ親しい間柄でも、亡くなった方との関係性や一緒に過ごした時間などによってグリーフの影響や道のりが異な

るからです。例えば、一般的に女性は男性に比べて感情にオープンで、人に話したり、助けを求めたりすることに抵抗が少ない一方、男性は辛くても一人で対処しようとする傾向にあります。これはどちらが正しいというわけではありません。また性別を問わず、社会的な立場から、他者の前では「しっかりしなくてはいけない」と辛さを隠し、自分を奮い立てる人もいるでしょう。人の支えになるというのは、単に解決策を提示するだけでは十分ではなく、相手の気持ちに沿った声かけや励ましが求められます。それに気がつくためには、グリーフも対処の仕方も、支援を受け入れることに対する思いも、人によって違うのだということを頭に置いておくとよいでしょう。気をつけたいのは、自分のやり方を押し付けないということです。

体験談３「家族に見守られて」
　ある80代の女性は、長く寄り添った夫を看取ってから、人生に喜びを見つけられなくなっていました。疲れやすく、認知症も進みはじめていることから、外に出かけたがらなかったり、夫の終末期を思い出すことができなくて気持ちが落ち込んだりする日々です。同居している娘が朝のラジオ体操などに連れ出すようになりました。さらに、近所に住む息子が会いにきたり、孫が訪ねてきたり、家族の支えによって、グリーフによる変化にもうまく対応することができていました。すると、ある程度の時間の経過と共に家族との旅行や、外出も楽しいと感じられるように

| なっていきました。

　最後の体験談は家族の連携が、高齢の母親を支えた例です。娘家族と同居していたということや、娘が仕事をしていなかったために、母親へのこころのこもった支援ができました。また、家族だけで、支援を考えるのではなく、グリーフカウンセラーや地域にあるサービスを活用して、規則正しい生活を整えたり、孤立を防いだりする努力もしていました。家族によって、できる支援は異なりますが、何ができるのか、どのような支援が必要なのか、考えてみることが大切です。

あなたはグリーフにどう向き合うタイプですか？

　自分に何かできることはないかと考えたとき、何を参考にするでしょうか。自分が辛いとき、誰かに優しく声かけしてもらったこと、何らかの気配りをしてもらって嬉しかったことなどの経験を思い起こすかもしれません。30年ぶりに帰国して、私が驚いているのは、住んでいたときと比べて、日本人の価値観が多様化していることです。30年も時間が経っているのですから、それは当たり前のことです。メンタルヘルスにおいても「頑張ればなんとかなる」と精神論で語れる時代ではありません。そういう意味では、誠意をもって人を励ますというのは、思うより難しいことなのかもしれません。

喪失体験を無意識に過ごしてきた人や、グリーフの影響をあまり受けずにきた人が、深いグリーフを経験している人に対しての理解や共感を深めるために、これまで自分自身のグリーフとどう付き合ってきたかを考えてみるところからはじめてみましょう。それが誰かの支えになりたいと思ったときに大きな意味を持ってくるからです。

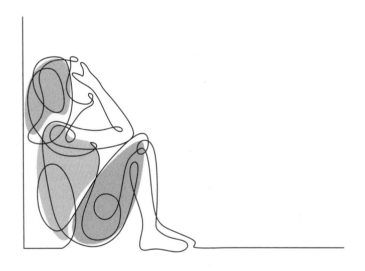

ココロのエクササイズ：あなたはグリーフにどう向き合うタイプですか？

　当てはまるもの全てにチェックをつけてください。リストに当てはまらないものがある場合は「その他」の欄に書き足してください。

　あなたが辛いグリーフを経験している時、

☐ 人（親しい家族や友人）に聞いてほしい

☐ 故人を知る家族や友人と話したい・共有したい

☐ 放っておいてほしい

☐ 自分の胸にしまっておきたい

☐ 自己解決したい

☐ 仕事・業務に没頭して、あえて考えたり、感じたりする時間をつくらない

☐ 感情を話したり、見せたりするのは恥ずかしい

☐ 感情に正直である

☐ 感情を信頼できる人に見せることに抵抗がない

☐ 感情をできるだけ抑えたい

☐ 自分のこころや頭の中にあることを他人に知られたくない

☐ 家族よりも、友達や同僚なら打ち明けられる

☐ 遺族会に興味がある・他の人の体験を聞いてみたい

☐ 思い出したくない・思い出すもの（写真など）は全て廃棄したい

□思い出のものはずっとそのまま大切にしていたい

□泣いたり、悲しんでいても仕方がないので、意志で克服
　する

□故人の話には触れたくないし、聞かれたくもない

□これからも故人が生きていたときと同じように家族の行
　事やお祝い事をする

□過去を振り返っても仕方がないので、前だけを見て進む

□人に迷惑をかけたくないので、極力人前では明るく振る
　舞う

□お風呂で泣く

□お酒や食べ物で気を紛らわせる

□趣味を通して発散する

□気持ちを日記に書きとめたり、詩などで表現する

□その他：

　自分に当てはまる項目だけではなくて、当てはまらない項目
にも注目してみてください。グリーフの向き合い方にも人に
よってさまざまであることがお分かりになるでしょう。

ココロのエクササイズ：家族のなかで違いを考えてみる

　1人で読み進めている人は、家族と比べてみてくださ
い。あなたのグリーフの向き合い方と違うタイプの人はい
ますか？　上のリストを使って比べてみましょう。

第5章　大切な人の支えになる　123

あなた：　　　　　　　　家族（間柄）：

ココロのエクササイズ：シェアリング＆ディスカッション

　あなたの向き合い方を他の人と共有しましょう。他の人の話を聞くなかでどんな気づきがあったかなども話しあってみてください。

　自分の傾向に対して気づきを深めておくのは、人をサポートする上で、「この人の向き合い方は自分と違うんだ」「この人は自分とよく似ている」「この人は自分と似ているところもあるし、違うところもある」など、判断材料になるものです。自分

と全く違う人であれば、もっと親身に傾聴することが求められるでしょう。よく似ている人には、共感をもって接することができます。似ているけれども、違ったところもある人には、自分の対処法を押し付けないようにすることが大切です。

さらに、こころで感じていることを人に話したり、伝えたりすることに対して、「見苦しい」「恥ずかしい」「表現するものではない」と感じているタイプの人であれば、誰かが辛い感情をあらわにしているのに遭遇すると、居心地が悪くなって、「泣かないで」「泣いても仕方がない」「泣いても死んだ人は戻ってこない」と、涙を止めようとしたり、「大丈夫」「頑張って」という励ましの言葉で無理に落ち着かせようとしたりするかもしれません。逆に、話すことで考えていることや感じていることが整理されたり、気持ちが落ち着くタイプの人は、そうでない人の話を無理やり聞き出そうとしたり、なかなか話が思ったように聞けずイライラしたりするかもしれません。こうした違いが、人との間で摩擦や誤解を生むことも少なくありません。

ご遺族とのカウンセリングでよく耳にするのは、人から受けた励ましやアドバイスが「ありがたいけれども、迷惑」「慰めようとしてくれているのは分かるが、逆に傷ついた」「何も分かっていない」「あれこれ言われて腹が立った」という声です。まだ現実が受けとめられないでいる人に対して「いつまでも悲しんでいると死んだ人が悲しむよ」という声かけ（励まし）は、

第5章　大切な人の支えになる　　125

まるで悲しむことが悪いことのように感じますし、子どもを亡くした親に対して「他に子どもがいてよかったね」と慰めるのは、まるで亡くなったお子さんの存在をないがしろにしている言葉に聞こえます。どちらの例も慰めたい、励ましたいという意図は理解できますが、慰めるどころか、逆に嫌な思いをさせる結果を招いてしまっています。気をつけたいのは、こちらのグリーフへの先入観や、向き合い方、過去の体験によって、他者のグリーフを判断しないということです。そのためにも、もう少しあなた自身の経験を振り返ってみましょう。

　次のエクササイズでは、あなたが何らかの助けを受ける立場になって、どんな言葉やサポートが助けになったのかを、思い出してみましょう。人に助けを求めるタイプではない人も、過去に人から受けた声かけや気遣いなどを思い出してみてください。

ココロのエクササイズ：あなたが助けを受けたとき 👨👩👨👨

　周りの人があなたに何らかの手を差し伸べようとしたときや励まそうとしたとき、「ありがたい」「助かった」「嬉しかった」「理解されている」と感じたことを次ページの表の左の欄に箇条書きにしてみましょう。逆に「優しさの押し付け」「おせっかい」「ありがた迷惑」「腹が立った」「傷ついた」という経験を右の欄に書き入れてみましょう。

助けになったこと	あまり助けにならなかったこと

ココロのエクササイズ：シェアリング＆ディスカッション

　上の表に書き込んだ答えを共有して、お互いの体験を話しあいましょう。

第5章　大切な人の支えになる　127

友人や仲間・同僚を支える

　親しい友人や、何年も一緒に仕事をしてきた仲間や同僚であっても、辛い別れや、喪失体験をしているのを目の当たりにして、どう声をかけていいのか、何をしてあげたらいいのか分からないと感じる人は少なくありません。

ココロのエクササイズ：支える葛藤と体験談　

①日常の生活や職場で前述のような葛藤を経験したことがありますか？　思い出して書き出してみましょう。

②一方、声かけや配慮がうまく相手に伝わった経験を書いて下さい。

ココロのエクササイズ：シェアリング＆ディスカッション

　支える葛藤と体験を話しあってみましょう。他の人の体験は大きなヒントになるものです。参考になるものはメモしておきましょう。

　遺族会では、どんな助けが役に立ったか、立たなかったかというトピックがよく話しあわれます。ご近所さんからの差し入れや、子どもの送り迎え、仕事場での理解など、喜ばれるのは具体的に何かをしてもらったという経験です。職場においては、ただ辛い時期にあるということを上司や同僚に理解してもらっていることでこころが楽になるものです。

　親しい人であれば、電話で「夕食を多めに作ったので差し入れするね」「明日ランチに行かない？」という具体的な声かけができるでしょう。たまにしか顔を合わさない隣人であれば、気持ちを綴ったお手紙を添えて、お花などを送ってみてはいかがでしょう。同僚であれば、プライベートな場所で「いろいろ大変だったね」「お悔やみ申し上げます」「○○をフォローしておこうか」など関係性にあった自然なお悔やみの気持ちを伝えてみてください。

「必要なときはなんでもいってね」と伝えていても、深く落ち込んでいるときには人に何かを頼むということすら考える余裕がありません。「なんでも」といっても、範囲が広すぎて「何」を「どう」頼めばいいのか頭が回らないものです。なる

第5章　大切な人の支えになる　　129

だけ「はい」「いいえ」で簡単に答えられるように、お手伝い
の内容を具体的に示して声かけするようにしましょう。

組織レベルでグリーフを支える

　日本の組織や企業団体では、グリーフへの認知がまだまだ薄
く、それが原因で体調不良やストレスを訴えた場合、蔑ろにさ
れたり、「やる気がない」「責任感に欠ける」「自己管理ができ
ない」「プロ意識に欠ける」など好ましくない評価を受けるこ
とが多くあります。従業員においても、長くそうした環境で仕
事をしてきたために、知らない間にそういった価値観を受け入
れて過ごしている人も少なくありません。その結果、グリーフ
は組織や会社の問題ではなく、それを経験している個人の責任
という暗黙の了解が根付いています。近年、従業員のこころの
ケアに関して、支援の大切さが理解されるようになり、さまざ
まなサポートが提供されるようになりつつあるものの、喪失に
対するグリーフケアの重要性に関しては、「こころのケア」と
いう広い範囲でしか捉えられておらず専門家による十分な支援
につながっていません。それは毎日のように喪失に直面する医
療現場であっても例外ではありません。
　次頁の図は、医療現場における認知されていないグリーフの
影響を描いたものです。組織や当事者が気づいていないグリー
フやその影響は「認知されないグリーフ」として以下のような
影響を及ぼすことが明らかになっています。放っておくことで、

状態が悪化しそれが心身への問題を引き起こしたり、それが続くことで欠勤や退職を余儀なくされます。組織が何らかの手を差し伸べない代償は、従業員の健康問題だけでなく、提供するサービスの質や生産率の低下を引き起こすこともあります。そして、ストレスが多く、従業員の入れ替わりが激しい職場は、組織への不信感を招き、いたわりあいや助け合いの精神が育ちにくく、モラルの低下にもつながります。グリーフの認知が高い欧米では、患者さんや家族（ご遺族）、従業員へのグリーフケアも大切にされています[1]。

1. Helping Health Care Providers and Staff Process Grief Through a Hospital-Based Program. https://www.nursingcenter.com

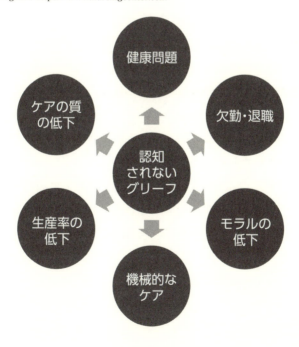

少し古いデータですが、2003年米国・シカゴの新聞にグリーフによる経済損失に関する興味深い記事があります。辛い喪失によって健康を害し、遅刻・早退・欠勤、ミスによる怪我、生産率の低下などを数値化したものです。記事によると一番影響が大きいのが配偶者の死で370億ドル、離婚が110億ドル、ペットロスが24億ドルと続いています[2]。現在の社会に当てはめてみれば、これらの数字がもっと高いものであることは簡単に想像がつきます。グリーフの影響は思った以上に私たちの生活や仕事、ひいては社会にも大きな影響を与えうるのです。

2. The cost of grief. Chicago Tribune. 2023.8.20.

　https://www.chicagotribune.com/2003/08/20/the-cost-of-grief/

　私が勤めていたホスピスでは、スタッフのグリーフケアに対してさまざまな支援を提供していました。スタッフを支えることが患者や家族（ご遺族）へのこころのこもったケアにつながることを認識していたからです。さらにスタッフが好きな仕事を長く続けていけるように、やりがいやチームワークをはぐくむという大切な目的もありました。

　医療現場でのスタッフに対するグリーフケアと聞いてカウンセリングのような直接的なケアを想像する方も多くいるでしょう。ホスピスではそれ以外に、間接的なケアや配慮もグリーフへのサポートに役立っていました。以下にスタッフに対する5つのサポートを紹介します。

①デスカンファレンス

2週間に1度行われる、患者さんのケアについて話しあうミーティングの冒頭では、必ず亡くなった患者さんの話をします。報告をするのはチームを束ねる担当ケアマネージャー（看護師）ですが、他のスタッフもそれぞれの役割から、患者さんとの思い出、ご遺族のグリーフの様子などについて共有します。こうした報告はその後のご遺族のケアに関わるスタッフにとても役に立つばかりでなく、スタッフ同士がお互いのグリーフを認知し、支えあう場にもなっています。

②有志の集い

グリーフカウンセラーは患者さんや家族のケアだけでなく、スタッフの喪失にも気をとめています。患者さんとの辛い別れ、スタッフの長期休暇・入院・死、退職や定年退職、家族の喪失など、喪失は、予期できるものから、突然やってくるものまでさまざまです。アメリカのホスピスケアは通常、在宅で提供されます。スタッフは毎日外に出て患者さんの家を訪問しているため、一度にたくさんのスタッフが集まることはできませんが、ケアカンファレンスの前後など、スタッフが集まりやすい時間を見計らって設定し、こころの中に抱えている想いを有志で共有していました。こうした場では普段感情をあまり出さず、気丈に仕事をこなしている人であっても、仲間の前では自分の感情に素直に向きあえるものです。直接言葉をかけあわずとも、その空間に一緒に身を置いているだけで、分かり、支えあうことができるのです。

第5章　大切な人の支えになる　133

③お通夜やお葬式に参列

　スタッフのところには、ご遺族から生前葬、お葬式やメモリアルサービスのお知らせが届きます。全ての法要に参列することはできませんが、都合のつく範囲で参列していました。お葬式などでは、患者さんがお元気だった頃のお話をうかがったり、ケアに関わった際の思い出などをご遺族と共有することができます。その命を共に悼むことで、従事者のグリーフもまた和らぐのです。

④個人的な声かけや気配り

　スタッフが何も語らず、普段通りに仕事をこなしていても、辛い死や、苦労した患者さんが亡くなったときには、「○○さんお亡くなりになったんだってね」というような声かけをするようにしていました。グリーフカウンセラーの私の耳には「○○さん（スタッフ）、大変そうよ」「辛そう」というように、他のスタッフから心配の声も入ってきます。スタッフから直接「ちょっと話を聞いてもらっていい？」と声をかけてもらうこともありました。私ではなくてもスタッフ同士の信頼関係ができている場合は、お互いが話を聞きあったり、助けあったり、小さなグリーフサポートの輪ができているものですが、忙殺される毎日では、自分のグリーフに気をとめる機会がありません。そういうときにこうした声かけは、ありがたく感じるものです。

⑤お悔やみのお手紙

　通常、スタッフは、患者さんが亡くなるとご遺族とのコミュ

ニケーションが途絶えます。そこからは遺族ケアコーディネーターやグリーフカウンセラーがご遺族のケアを引き継ぐからです。お悔やみのお手紙には、いくつかの目的があります。患者さんのケアに関わったスタッフがそれぞれの想いを一言添えることで、スタッフにとってグリーフを言葉で表現する機会になるのです。スタッフは多ければ、医師、上級看護師、看護師、介護士、ソーシャルワーカー、チャプレン（臨床宗教家）、グリーフカウンセラー、ボランティアコーディネーター（ボランティアを代表して）などがいます。こころの辛さを吐露するというのではなく、患者さんとの思い出や、感謝の気持ちなど、ご遺族のことをこころにとめているということを伝えるためです。お悔やみの手紙を通して伝えられた想いは、ご遺族のこころの支えになっています。

　終末期ケアを提供している医療・福祉・介護現場では、従事者に対してますますグリーフケアの必要性が問われます。どのような形や内容のサポートが可能なのか、誰が主導を取るのかなどは、それぞれの組織のニーズによって、また予算や人材によって異なりますが、グリーフは個人が担う時代から組織が支援に関わっていく時代にあるといえるでしょう。

あなたにできることを考える

　ここでは個人ができる小さなグリーフサポートを考えてみます。それは声かけであったり、気遣いであったり、簡単にでき

ることですが、関係性や喪失の内容、どのくらい時間が経っているかなどで、何ができるかが変わってきます。

　どう声かけしていいのか分からなかったり、何をしていいのか分からず、結局何もしない間に時間が経ってしまったという経験はありませんか？　気にはなっているのに、どうしても行動に移すことができず、結局まるで何もなかったように挨拶を交わしたり接したりするのは、よくあることかもしれません。

　気心の知れた人であれば、「もうすぐお盆ですね」「もう（お亡くなりになってから）半年経ったんですね」というように、会話のきっかけになる声かけをすると、相手の返事によって様子が分かります。「ええ」という短い答えで、会話が終わってしまうようであれば、それ以上話したくないということが分かります。一方、「そうなんですよ。おかげで気持ちも随分楽になりました」などと状況を少し話してくれるようであれば、グリーフの様子がうかがえます。

　時間の流れを「あっという間だった」と表現する人もいれば、「まだ○○ヶ月しか経っていない」と感じる人もいます。こうした言葉の表現からも相手の心境を察することができるものです。あえて「大丈夫ですか？」「いかがお過ごしですか」などと質問で会話を始めてしまうと、相手が返答に気を遣い、表面的な会話になってしまうため真意を測ることができません。さらに「頑張って」は普段よく口にする言葉ですが、深いグリー

フにある人には表面的な励ましに聞こえ、あまり気持ちが伝わりません。

親しい隣人であれば、食事を差し入れしたり、子どもの送り迎えを引き受けたり、用事をかってでたり、具体的なことが喜ばれます。その際は「食事の差し入れするから連絡してね」とか「子どもさんの送り迎え、いつでも手伝うから言ってね」と相手に答えを委ねるのではなく「食事を差し入れしたいんだけど、いつお家にいる？」とか「明日、子どもさん迎えに行けるよ」というように具体的な行動を示したり、その助けを受けるか受けないかをその場で簡単に答えられるような聞き方をしましょう。気持ちが動揺してるときや、深い悲しみにあるときというのは、スッと答えが出てこなかったり、わざわざ連絡をしなおして、何かをしてもらおうとは思わないものです。

声かけがはばかられるようであれば、身体的な症状に関して気にとめるというのも一つの案です。「なんか疲れているみたいだけど、無理しているんじゃない？」とか「少し痩せたみたいだけど、ちゃんと食べてる？」というようなコメントは、一見質問のように聞こえますが、相手の返答を求めているように聞こえず、会話のきっかけにもなるものです。深いグリーフにあるときは自分の状態に対しても気づきが薄いことがあるものです。外からみて気がついたことや、心配なことを少し匂わすだけで相手に「心配してくれている」「気遣ってくれている」と伝えることができます。

第5章　大切な人の支えになる　　137

間接的な方法で、気持ちを伝えることもできます。カードに気持ちを添えて、心ばかりの贈り物をしたり、お花を送ったり、同僚であれば息抜きになるように一緒に休憩をとったり、休憩を促してあげたりすることも、さりげない心遣いです。親しい間柄であれば食事に誘ったり、気晴らしになるようなことを一緒にしたり、そうでなければ、時折、電話やメールで様子をうかがうことで、気にかけていることが伝わります。

　以下にいくつかヒントをまとめてみます。

①考えすぎず、こころで感じるまま、誠意を持って声かけする。
②身体的なグリーフのサインに気をとめる。
③支援をフレキシブルに。できることもいろいろ。
④「大丈夫？」「頑張って」は避ける。
⑤時期を見て、個人的に話を聞いたり、電話をしたりして様子をうかがう。
⑥息抜きになるような機会をつくる（例：食事、飲み会に誘う）。
⑦「私に何かできることがあったら言ってね」ではなく具体的にできることを提案する。

ココロのエクササイズ：グリーフを支える♂リフレクション＆シェアリング♀♂♀

　あなたができるサポートや気遣いで思いつくことがあれば書きとめておきましょう。さらに他の人から聞いたことで、良い案があれば付け加えましょう。

①

②

③

家族で支えあう

夫婦のグリーフ

　家族は年齢も、性別も、年代も違った個人の集合体です。故人との関係性も違えば、死への理解や受けとめ方、悼み方も異なります。

　配偶者は一番側で支えてほしい存在です。しかし、悼み方や

第５章　大切な人の支えになる　　139

向き合い方、グリーフの表現の仕方が異なるために、誤解を生み、こころの距離ができてしまうことも多くあります。一番近い存在であるがゆえに、こころの中の話をするのは、照れ臭かったり、気まずかったりするかもしれません。うまく理解しあえないことが、相手への不満や不信感を膨らませ、お互いのこころの溝を広げてしまったり、支えあうどころか傷つけあうことにもなりかねません。こころにとめておきたいのは、それぞれの形や受けとめ方があるということです。一方は話す・分かちあうことで辛さが和らいでも、他方が自分で対処したいタイプであれば、押し付けや誤解が孤独感を増長させる原因にもなります。お互いがそれぞれのグリーフの形を尊重し、何が支えとなるのかを模索し、譲りあい、理解する姿勢が何より大切です。

　自分が深いグリーフの渦中にあるときは、周りに気を配ることが難しく、自分だけが傷つき、苦しんでいるように感じるものです。そして、配偶者ならばそんな自分を理解し、支えてくれるべきだという期待は大きな失望や腹立たしさの原因となります。相手もまたグリーフの悲しみや葛藤のなかにあるのかもしれないと考えてみてください。グリーフの向き合い方の違いから、お互いが一番の助けになれないこともあります。そんなとき「妻失格」「夫失格」と自分を責めないようにしましょう。それぞれが自分に合った支援やサポートを見つければよいのです。それが他の家族だったり、気心の知れた友達だったり、同僚だったり、先輩だったり、専門家だったりするかもしれませ

ん。人に頼るということは決して人間的な弱さではなく、自分
をいたわることです。夫婦間で言葉のコミュニケーションが不
得意だったり、不自然だったりする場合は、言葉を介さずに夫
婦で喪失を悼むということもできます。第4章の「文化の中に
ある節目」に一緒に何かをしたり、「日常生活のなかで想う」
エクササイズからこころを合わせる機会をつくってみましょう。

子どものグリーフ

　子どもは「小さな大人」ではありません。しかし、大人の都
合で、「子どもにはまだ分からないから」と彼らのグリーフの
信号に気をとめなかったり、怖がるのを心配したり、あえて死
に触れなかったりすることがあります。子どもはそうした大人
の行動を見ながら生と死を学んでいくのです。大人が避けたり、
怖がれば、「死」はそういうものだという印象になり、大人が
隠れて嘆き悲しんでいるのを見れば「悲しませてはいけない」
「話してはいけない」と悟るのです。子どもの発達段階を理解
し、サポートをしてあげることで、子どもは命について学んで
いくのです。

　年齢や発達段階によって死への理解や、受けとめ方は異なり
ます。10歳を超えると「死」という抽象的なコンセプトを理
解しはじめます。誰にでも死が訪れること、死ぬともう私たち
の元には戻ってこないこと、死ぬということは身体の全ての機
能が停止することなどです。ここでは発育段階に分けてさらに

第5章　大切な人の支えになる　　141

学びを深めていきましょう₂。

〈5歳〜12歳〉
　ある母親は、家族で飼っている金魚が死んだ際、小さな子どもたちを中庭に集めて、命の話をしながら、金魚を布に包んで土に埋めました。彼女は機会があるごとに子どもたちに命のレッスンをしていたのです。この数十年後、彼女は50代でこの世を去ったのですが、子どもたちのこころには今も彼女からの命のメッセージが深く刻まれているに違いありません。

　一般的にこの年齢の子どもたちにとって「死」は漠然としたもので、大人のような理解はありません。一時的に動かないだけで「また戻ってくる」「死んでもお腹が空く」「寝ているだけ」などと思っています。成長するにつれて少しずつ抽象的なことが理解できるようになり、死は人生の一部であり、誰にも起きるものであることを理解しはじめます。他の家族や自分が同じように死んでしまうのではないかと不安になったり、大人たちの様子を見て怖がったりすることもあります。好奇心旺盛で、想像力豊かな子どもたちは、大人が考えつかないような突拍子もない質問をしたり、発言をしたりします。命について学ぶ貴重な機会ですので、分かりやすい言葉で説明してあげたり、質問に答えてあげたりするようにしましょう。

　5歳〜12歳の子供の典型的なグリーフ反応・行動
　・頭の中で死を自分のせいにする

・家族や自分の健康、安全を心配して不安になる

・親から離れない

・学校に行きたがらない

・身体的な症状（腹痛、頭痛など）を訴える

・親の顔色をうかがう

・いつもの遊びや行動をしたがらない

・いつもより気分にむらが出る

・行動問題が増える

・一時的に退行する

対処策：

①子どもに分かりやすい言葉で話す。

②日常のルーティンを維持する。

③悲しい気持ちを言葉で共有する。

④質問に答えてあげる。

⑤人生の摂理について自然の出来事で説明したり、絵本を
使って話してあげる。

⑥法要に参加させる。

⑦アルバム作りや、メモリーボックス（故人との記念の品
を入れておく宝箱）作りなど遊びを通して故人を偲ぶ。

〈13歳〜〉

ティーンエイジャーになると抽象的な事柄に対して大人のよ

うな理解ができるようになるものですが、心身ともに発達が著しいこの時期には、気分が不安定になったりするため、グリーフ反応も大人と子どもの間を行ったり来たりします。また、心の中の思いや感情を言葉にするということが照れ臭く、苦手で、大丈夫なふりをしたり、大人との会話を邪魔くさがったりします。一方、心の中の辛さをどうしていいか分からず、自暴自棄になったり行動問題につながることがあります。大人には思春期の言動や行動問題として映るわけですが、それがグリーフによる自然な反応であるということを気づかせてあげたり、その子に合った向き合い方というものを一緒に考えてあげましょう。自立が発育過程の課題でもあるこの年頃は、親主導で勝手に進めてしまうのではなく、子どもの主体性を尊重し、意見を聞きながら一緒に考えていく姿勢が必要です。

ティーンエイジャーの典型的なグリーフ反応・行動
　・集中できず、注意散漫になる
　・自分の殻に閉じこもる
　・ルールや規則を破る
　・孤立する
　・罪悪感、怒り、恐怖
　・気持ちを表現することが難しい
　・死、死後、スピリチュアリティに興味を持つ
　・冗談で辛さを悟られないように振る舞う
　・身体的な症状
　・行動問題

・退行
・人間関係の悪化
・悲しみから鬱になることもある

　内面的な葛藤が、学校での人間関係、成績、行動に影響することもあるので、家族のサポートだけでうまく対処できない場合は、担任の先生や学校カウンセラーに相談することも検討してください。

対応策

①起こっていることに対して正直な対話の時間をもつ。

②一緒に死について話す。

③いつもより話を聞いたり、質問に答えたりする時間をもつ。

④責めたりとがめたりせず、受けとめて見守る。

⑤話したがらないときは無理強いせず、さりげなく資料を用意しておく。

⑥グリーフについて話してあげる。

⑦心配なときは、担任の教師や学校カウンセラー、かかりつけ医などに相談する。

⑧日常のリズムを大切にする。

⑨大人のように行動することを期待しない。

⑩励まし、勇気づけてあげる。

2. KidsHealth:https://www.kidshealth.org.nz/bereavement-
   reactions-children-young-people-age-group#:~:text=
   Babies%2C%20children%20and%20teenagers%20tend,
   ongoing%20attention%2C%20reassurance%20and%20support

ご家族（ご遺族）を支える：米国ホスピスのグリーフケア

　米国のホスピスケアは在宅で提供されます。患者さんが入所すると、最初に訪問するのはケースマネージャー（看護師）とソーシャルワーカーです。そこで身体的な症状の緩和を最優先に、精神的、社会的、スピリチュアルな面でのニーズを評価します。家で介護の中心となるのはご家族です。そのご家族が安心して、介護をしていくことができるように、ケアの環境を整える支援をしたり、ケアに関する相談に乗ったり、その他の心配事、グリーフなどにも気をとめて聞き取りをします。

　ケアカンファレンスでは、患者さんの状態や状況、ご家族の心配事などが報告されます。医師、看護師、介護士、ソーシャルワーカー、グリーフカウンセラー、チャプレン（臨床宗教家）、ボランティアコーディネーターなど、ケアチームのメンバーが参加し、身体的、社会的、精神的、スピリチュアルな面での苦痛に対して、どんなケアや支援が必要か、誰がどのようなタイミングで介入するかなどが話しあわれます。ご家族の心配事や葛藤には、ソーシャルワーカー、グリーフカウンセラー、

146

チャプレンなどが伴走します。

ご家族の予期悲嘆

　グリーフは別れを意識したときから始まる別れの道のりです。旅立つ側だけでなく、見送る側にもそのプロセスがあります。ご家族のグリーフは、患者さんのグリーフと密接につながっています。ご家族が別れを受け入れられず、「行かないで」「頑張って」と励ましていたり、辛い日々を送っていれば、患者さんはご家族のことが気がかりで、1日でも長く生きながらえたい、慰めてあげたいとこころを痛めるものです。

　ある80代の女性の患者さんには3人の子どもがいました。家族の会話では母親の状態について一切触れないことから、患者さんは子どもたちのこころの準備ができていないのではないかと心配をつのらせていました。このままでは意識のあるうちに、お別れの言葉をかわすこともできません。身体が日に日に変わっていくなかで、その気がかりは、どんどん大きくなっていきました。そこで、グリーフカウンセラーが介入することになりました。自分の死について話しておきたいという母親のために渋々集まった子どもたちでしたが、本当は死を受け入れるのが辛くて話すのを避けていたのでした。正直な思いをお互いに話す機会を持ったことで、患者さんは子どもたちに愛情のこもった言葉をかけ、言っておきたいことを伝えることができました。子どもたちも辛いながらも、母親の気持ちをしっかりと受けとめ、感謝と愛情の言葉を伝えました。この家族会議は子

どもたちのグリーフを心配した患者さんの深い愛情によるもの
でした。

　それぞれの家族にはそれぞれの関係性や事情があります。終
末期にあることを受け入れて、残された時間を穏やかで愛情に
満ちた時間にしようとこころを合わせるご家族もあれば、最後
までどちらかが受け入れられないまま、何も語られることなく
臨終を迎える場合もあります。一つとして同じグリーフがない
ように、お別れの時間も形も、一つとして同じものがありませ
ん。正解がないなかで、患者さんとそのご家族が穏やかで納得
のいく時間を過ごせるように、ホスピスチームでこころをあわ
せてきました。

ご遺族のグリーフケア
　ご遺族にとって、グリーフは死後も続いていくものです。そ
の道のりは人によってさまざまです。米国のホスピスでは、ご
遺族へのグリーフケアがスタンダードケアとして、約13ヶ月
にわたって提供されます。

　私が勤めていたホスピスで提供していたご遺族へのグリーフ
ケアについて簡単に紹介します。

・お悔やみのお手紙（死後すぐ）
・お悔やみと見守りのお電話（死後すぐ、3ヶ月、半年、
　13ヶ月）

- グリーフに関する資料の送付（3ヶ月、半年、13ヶ月）
- 個人カウンセリング（随時）
- サポートグループ（月1回）
- メモリアルサービス（年1回）
- ご遺族と子ども対象のサマーキャンプ（年1回）
- アルバム作り（不定期）
- ファミリーイベント（月1回）
- 専門医への紹介（随時）

　ご遺族へのグリーフケアで一番大切なのは、グリーフ理論でもなく、カウンセリングスキルでもなく、ご遺族とのつながりをはぐくんでいくことです。死後もケアを提供していくグリーフカウンセラーは、ホスピスとご遺族をつなぐ糸のような役割を担います。電話や手紙は、私たちスタッフが、患者さんの命を悼み、ご遺族のグリーフと共にあることを伝える機会です。訪問させていただくと、それがどれだけこころの慰めになっているか、励みになっているかよく分かります。サポートをする13ヶ月の間にも、ご遺族にとっては山があり谷があり、日常のさまざまな辛い出来事があります。辛い別れが重なることもあります。カウンセラーは、生の営みのなかで、グリーフの道のりを支えていくために、多岐にわたる支援を提供します。

リフレクション：第5章のまとめ

　第5章では「大切な人の支えになる」というテーマで、他者とのグリーフの違い、あなた自身のグリーフとの向き合い方、家庭や職場などでできる具体的な支援の方法などについて考えました。内容を振り返ってみましょう。

①新しいグリーフに関する学び

②自己発見・自分のグリーフへの気づき

③第5章を終えて感じたこと

④グループで話しあいましょう

第6章　出会いと別れの意味

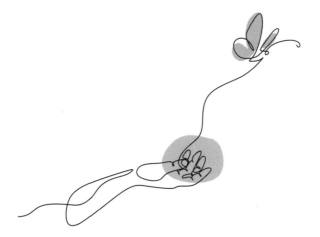

> ココロのエクササイズ：チェックイン
>
> 　第6章に入る前に、いつものようにチェックインタイムです。
>
> ①今の身体の調子、気持ち、状態を静かなこころで観察しましょう。
>
> ②身体のつぶやき：
>
> 　こころのつぶやき：
>
> ③今日のあなたをいたわるためにできることを1つ考えて1日のどこかで実行に移してみましょう。
>
> 　プラン：

「その人に出会っていなければ、今の自分はいない」

　そう思えるような特別な出会いがあります。家族や配偶者、子ども、親友、先輩、同僚、ペットなど、思い返してみれば、そのような巡り合わせは一つや二つではないでしょう。それらの出会いは偶然の出来事なのでしょうか。何かの巡り合わせな

のでしょうか。特に近い関係である、親と配偶者について考えてみます。

親との出会いと別れ

　私たちの人生に、一番大きな影響を与えるのは親との関係です。気がつけば側にいて、いつもそこにいてくれる、安心感の土台でもあり、自分の存在の源でもあります。たとえ親との関係が希薄になっていても、歳を重ねるごとに似ているところに気がついたり、同じ口癖が口をついて出たり、親に言われた人生の処方術を思い出したり、親の存在を見えない形で大きく感じるようになります。それが「切っても切れない縁」と言われる所以なのかもしれません。

　私がアメリカに滞在しているとき、誕生日にはもちろん、さまざまな機会に日本の両親から小包が送られてきたものです。母や父が「喜びそうだから」と選んでくれた食料品などが入っていました。その頃、こちらは自分の学業や生活のことで頭が一杯でした。年老いていく親たちに連絡を取ることも少なくなり、小包を受け取ったお礼の電話が遅くなり、あちらから確認の電話がかかってくることもありました。そんなときには、申し訳なさとありがたさが交差したものです。そんな時間が永遠に続く訳でもなく、親の命が限られているという現実に直面して初めて、存在の大きさを深く思い知らされたのです。いつも

そこにあった大切ものが失くなるという人生の摂理を頭では理解していました。しかし、なかなかこころが追いつきません。不安と罪悪感を胸に、頻繁に帰国するようになりました。この不安な時期が大切なお別れの時間だったということに、両親の他界後ホスピスで仕事をするようになって気がつきました。「何かしなくてはいけない気がするのに、何をしたらいいのか分からない」という焦りにも似た不安は、自分の納得がいくお別れの形を模索していたからだったのでしょう。

　両親が他界してからは、親の存在や影響を自分の中に見つけることが多くあります。「しぐさがお母さんそっくりね」「お父さんに似てきたね」などと人に言われたりすることはありませんか。生きているときには、疎ましく感じていたこういう一言も、両親の面影が自分の中に宿っていると感じるとこころが和らぐようになりました。また、両親から教わった日本人女性としての振る舞いや人生の教訓などは知らない間に、自分の価値観や人生観の基盤となっています。両親の存在が自分の中でしっかりと息づいているのを日々感じます。

　一方、親は反面教師でもあり、子どもにとって人生のお手本となるべく、社会での模範や規律をはぐくみつつ、愛情をもって自立を促していく存在です。しかし、さまざまな事情や家庭環境、健康状態やメンタルヘルスの問題などから、親の責任を果たせない人もいます。親にも抱える問題があったと理解したり、共感するのは、ずっと後になって自分が親になり、自分の

154

子育ての苦労に重ねあわせて思い出すときかもしれません。

　ある女性は、子どもの頃精神的虐待を受けていた母親の余命が限られていると知り、トラウマを思い出し、複雑な感情を抱えていました。

「ざまあみろ。勝手に死ねばいい。」初めはそう思ったそうです。子どもの頃はどんなに努力していい子にしていても、母親にバカにされ、なじられるばかり。お酒の影響でいつ暴れ出すか分からず、ビクビクしながら過ごしているうちに、いつしか自分は価値のない、取り柄のない人間だと思うようになっていました。大学生になって母親の元を離れ、社会的地位を確立した後も、子どもの頃の記憶はこころの傷となっていました。何十年かぶりに会う終末期の母親は別人になっていました。そこにいたのは、会いにきてくれた彼女にこころから「ありがとう」と口にする、年老いた、気弱な病人でした。そんな母親の姿を目の当たりにし、これまで恨んで過ごしてきた日々が無駄に思え、やるせない気持ちになったそうです。なじりたい気持ちと同情のはざまでどう接していいのか分からないまま、見舞いに通ううちに、気持ちに変化が起こるようになりました。怒りや憎しみの影に、小さい頃に感じていた愛情も思い出すようになったのです。その愛情を感じることを自分に許すことができてからは、母親の最期まで穏やかな時間を過ごすことができました。彼女にとって母親の死は、トラウマからの解放を意味していました。お別れの時間を共に過ごすことで、彼女は憎し

みを、憐れみや慈しみという感情に変えることができたのです。

　親との死別によるグリーフは、関係性に関わりなく私たちの存在をも揺るがすほど深いものです。誰でも「帰る場所」や「こころの拠り所」が失くなるということや、自分が「子ども」というアイデンティティーを手放すことに、なんとも言えない寂しさを感じるものです。

　私の書斎には父が書いた掛け軸がかけられています。ちょうど私がニューヨークで心理学を勉強している頃に一時帰国をした際、軽い気持ちでねだったものです。まだ元気な頃で、いつかその掛け軸に父を想う日が来るとは想像もしていませんでした。何をどう書いてほしいと言ったのかも、今となっては思い出せないのですが、「書いたよ」と差し出されたのは巻物でした。そこには私が学業を終えて、あらゆる人の心理の改善に努力すること、そして誠実、忍耐、明朗を心がけて人に接することを願う父からのメッセージがありました。もう父はこの世にいませんが、生きていたとき以上に、その存在や愛情を側に感じています。私たちはそれぞれの形で、亡くなった人との絆を確かめ、深めながら生きていくことで、悲しみを愛情に変えていくことができるのです。

配偶者との出会いと別れ

　配偶者は、一般的に親や兄弟姉妹よりも長く人生を共にする分、他のお別れと比べてもこれまで経験したことのないほど辛いものです。ご遺族で配偶者を亡くした方のなかには絶望から、生きる意味や気力を失う人もいました。

　夫婦は出会い、寄り添い、家族を持つことで、苦労や喜びを共にし、一緒に人生を築きあげていく同志です。ときにはぶつかりあいながらも、一番近いところで、理解し、支えてくれる存在。それぞれが助けあい、補いあいながら毎日を営んでいるわけですから、その相手がいなくなるというのは私たちの存在や生活を脅かすほどの大きな出来事です。

　ある高齢の男性は、生活のきりもりを全て妻に任せていました。ご飯を炊いたこともなければ、自分の下着や靴下がどこにあるかも知る必要はなかったのです。ところが、妻が末期のがんで、身の回りのことができなくなると、男性はこれまでしたことのない家事を二人分担わなければいけなくなりました。夫婦二人三脚の日常や生活のリズムは、どちらかが病気になると一転します。自分のことは後回しで、毎日の慌ただしい介護生活のなか、1日があっという間に通り過ぎていきました。迫ってくる喪失の不安や恐怖でこころが押しつぶされてしまいそうになりながらも、できるだけ妻の苦痛が和らぐように尽くす

第6章　出会いと別れの意味　　157

日々が続きました。

　命を脅かす病気になったと告げられたときからグリーフは始まっているわけですが、配偶者をホスピスケアで看取ったご遺族は、これまで毎日の介護や看護などに追われて、自分のグリーフに目を向ける余裕がありません。相手を失う不安や恐怖感は感じていても、グリーフに気をとめるこころの余裕がないため、グリーフの波は死後、突然襲ってきたように感じるものです。しばらくは何も手につかず、悲しみに暮れる日が続くことでしょう。そんな日々を「時間が止まってしまった」「全ての感情が麻痺してしまっている」「どうしようもない悲しみとやるせなさで1日をどう過ごしていいのか分からない」「人生から色を失った」「暗い海に一人で投げ出された」と表現したご遺族からは、その辛さが手に取るように伝わってきます。絶望がどれほど深くても、胸を引き裂かれそうな悲しみが永遠に続くように感じても、日は昇り、沈み、お腹もすきます。深い悲しみにあるご遺族も、時間と共に、周りにある支援によって、一つひとつ、ゆっくりと、ルーティンや日常、生活を積み上げていきます。そんなグリーフの道のりに立ち会ってきました。

　配偶者を亡くして約1年経った50代の女性がこんな経験を話してくれました。仲のいい夫婦で、一緒に趣味を楽しんだり、友達と集まったり、暮らしにはいつも夫の存在がありました。夫を喪ってからは、全てが一変し、生活も趣味も人間関係も変わりました。一人で何もする気にならなかったのです。もとも

と社交的な女性だったこともあり、1年を過ぎた頃から、また
お友達と旅行に出かけたり、一人でイベントに参加したりする
ようになりました。パーティーに呼ばれて、一人が辛い寂しさ
も和らいでくるようになりました。

　ある日、街で見かけた彼女は、アウトリガーカヌーの練習に
向かう途中で、今でも夫と過ごした日々はかけがえのないもの
で、愛情の深さは変わることがないと微笑んでいました。

　このご遺族のように、人生の喜びを見つけることができたか
らといって、それが配偶者との大切な時間を蔑ろにしたり、忘
れ去ってしまったりしたことにはなりません。その命や一緒に
過ごした時間、思い出や愛情は、しっかりこころの中に刻まれ
ているのですから、罪悪感を感じる必要はありません。むしろ
側にいないことで、その存在感が増し、過ごした時間や思い出
などを本のページをめくるように大切に思い出しながら過ごし
ていくのです。

　大切な人との出会いから受け取ったものは、何にも変えるこ
とができません。そうしたことに想いを馳せるのは少し時間が
経ってからかもしれませんが、確かなことは、こうした特別な
出会いは、私たちが「愛される」存在であることを実感させて
くれるだけでなく、「愛する」という喜びを与えくれるものだ
ということです。この世での関係は終焉を迎えても、一緒に過
ごしてきた時間や歴史は、あなたの人生の一部としてしっかり
と刻まれ、これからもつながり、受け継がれていくのです。

　　　　　　　　　　第6章　出会いと別れの意味　　159

ココロのエクササイズ：大切な人に想いを馳せる

　大切な人の顔を思い浮かべ、まずはその人の名前や間柄を中心の円に書き入れてください。そしてその周りの円には、その方を描写する言葉をできるだけ多く書いてください。

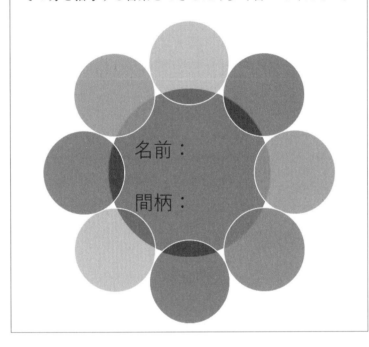

> ココロのエクササイズ：シェアリング 👥
>
> 「大切な人」を他のメンバーに紹介してください。その際に思い出すエピソードやその方から受けた影響なども添えて話してください。

魂の成長（ポストトラウマティック・グロース：Posttraumatic Growth）

ポストトラウマティック・グロースという言葉があります。直訳すると「トラウマ後の成長」という意味です。辛い「トラウマ」から一体どんな成長が生まれるのでしょうか。

トラウマは、自然災害や人災、戦争体験だけではなく、私たちの身近なところで起こったことが原因となり、仕事や生活に大きな支障を引き起こします。最近では職場のハラスメントや性的虐待など、SNSやメディアでも頻繁に取り上げられるようになりました。そのような体験が、身体的、精神的、社会的な症状となって、人間関係や社会生活を困難にします。

最近の例では、たくさんの死者を出した新型コロナウイルスが頭に浮かびます。この未曾有の感染症によってかけがえのない人を亡くした人、仕事を失った人、今も後遺症に悩まされて

第6章　出会いと別れの意味　161

いる人など、その喪失の影響は計り知れません。コロナは今も多くの人のこころと身体に大きな影響を与えています。

　辛い喪失を経験した人のなかには、その経験を生きる力に変えていく人がいます。アメリカの心理学者、リチャード・テデスキーとローレンス・カルフォンはその成長をポストトラウマティック・グロース（PTG）[1]と名付けました。

1. Tedeschi RG, Calhoun LG: Trauma and transformation: growing in the aftermath of suffering. Thousand Oaks, CA: Sage 1995.

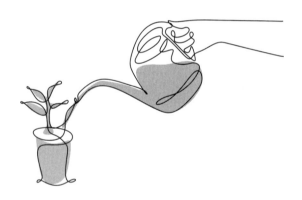

　PTGは、物事をポジティブに取れる性格とは異なるものです。自分に起こったこととなかなか対峙できなかった人が、辛い思いを重ねながらも時間をかけて、その影響や、意味を見つ

め、これからの人生を模索していくプロセスにおいてはぐくまれるものです。

　あるイスラエル人の女性はツアーガイドをしていました。それまで平穏だった日々は、テロ攻撃によって引き裂かれることになります。一緒にいた友人は目の前で殺され、彼女自身もナイフで何度も刺され、瀕死の重傷を負いました。命を取りとめた彼女は、身体の傷が癒えた後もフラッシュバック（その体験の記憶が自分の意思と関係なく蘇ること）や生き残った罪悪感に苛まれたといいます。その辛い回復の道のりで、彼女は再び光を見つけます。それは生きていることのありがたさ、逆境に立ち向かうたくましさ、そして同じような体験をした人の力になりたいという思いでした[2]。

　2. Lorna Collier (2016). Growth after trauma: why are some people more resilient than others-and can it be taught? Monitor. American Psychological Association. Vol 47, No. 10.

　https://www.apa.org/monitor/2016/11/growth-trauma

　PTGは私たちの身近な喪失に当てはめて考えることができます。そのお別れが自分の人生を変えるほどの悲しみや絶望を与えるものであったとしても、時間と共に気づきを深め、模索し、葛藤しながらも、その経験を人間的な成長につなげていくことができるものなのです。

　次にあなた自身のPTGについて考えてみましょう。

　まだ深いグリーフにあるときは、そんなことについて考えら

れないかもしれません。こころの余裕がないようであれば、無理をせず、こうした考え方もあるのだということだけを頭にとめて、読み進めましょう。少し時間をおいて、以下のエクササイズに戻ってみてください。

ココロのエクササイズ：グリーフ体験を見つめて

お別れを振り返って、どんなPTG（成長につながる変化）があったと思いますか？　気づいたことを下の四角に書き出してみましょう。

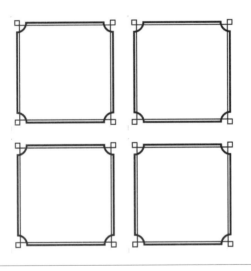

> ## ココロのエクササイズ：ディスカッション＆シェアリング
> 👥
>
> グループで答えを話しあってみましょう。

他者のPTGを支える

　ここでは周りの人（職場や家庭など）のPTGを支える、5つ
のヒントをご紹介します[3]。

①トラウマによる変化を理解する

　トラウマ体験は価値観や人生観を大きく揺り動かします。先
ほど例にあげたイスラエル人女性は、事件前まではツアーガイ
ドをしていました。自国の観光地を一緒に巡り、歴史や文化な
どを紹介するやりがいのある仕事をしていたわけですが、テロ
によって多くのものを失いました。そのグリーフやトラウマか
らの回復の道のりはどれほど長く、険しいものだったでしょう。
トラウマを思い出さないような仕事を見つけて、静かな生活を
送っていくこともできたでしょう。しかし、彼女は自分と同じ
思いをしている人を助けたいと立ち上がります。家族や友達か
ら見れば、自分のトラウマを常に思い出させるような活動を始
めると聞いて気が気ではなかったのではないでしょうか。彼女

第6章　出会いと別れの意味　　165

だけでなく、トラウマを経験した人のなかには、立ち止まり、人生を振り返り、人生の優先順位について考え直す人もいます。そして人生を、より自分らしく生きるために時間を費やしたいという思いを強くするのです。深いグリーフにあるときは、判断力にも影響があるため、転職などの、生活環境を変える大きな決断はあまり勧めません。しかし、思いを巡らせておくことで、準備ができたときに、再び立ち止まり、その決断が自分にとって正しいものなのかを確かめることができるでしょう。

　また、そうした話や相談を持ちかけられたときは、世間体や常識から考えて頭から否定したり、正しいと思う答えを突きつけるのではなく、一緒に考える相手となることを心がけましょう。

②気持ちの切り替え

　不安、恐怖、怒り、罪悪感など、後ろ向きな感情にとらわれていると、それが身体的な症状を長引かせることにつながり、生活や仕事にも影響を与えます。そういうときは、考え方を意識的に変える努力をしたり、こうした感情のスパイラルを断ち切るために目の前のことに集中したりすることが役に立ちます。例えば、乗り気ではなくても出かけてみることが気晴らしになるかもしれません。出かけたら、周りの景色に目を向けたり、清々しい天気を楽しんだり、食事を五感で味わったり、「今」を全力で体験してみる。思ったように楽しめなかったとしても、辛い感情が顔をのぞかせても、それは決して失敗ではありません。こうした努力を少しずつ重ねていくことに意味があるの

す。一人ではやる気が出ないことも、誰かが誘ってくれたり、一緒に参加してくれたりすることで、モチベーションはグッと上がるものです。そういった例を頭に置きながら、家族、友人、同僚、仲間として当事者の身体をいたわり、こころを和らげる時間をもつよう勧めたり、一人で悩まないよう話しやすい環境を整えることなどができるのではないでしょうか。

③コミュニケーション

　役に立ちたいと思っている人の多くは、辛い事柄には、なるだけ触れず、そっとしておくのがいいだろうと思うものです。しかし、腫れ物に触れるように振る舞ったり、あえて何もなかったようにする行為は、逆に相手を傷つけることもあります。一方、当事者は他者に迷惑をかけまいと、あえて話を持ち出さなかったり、元気に振る舞ったりすることが相手への配慮だと考えるものです。こうしてお互いがお互いを気遣うあまり、当事者が孤独感を深めることも少なくありません。気まずくなるような会話を避けていると、いつまで経っても相手の状況が掴めないまま、時間が経ってしまいます。タイミングを見ながら、プライバシーが守られるような場所で声をかけたり、間接的な形で相手への気遣いや配慮が伝わるようにあなたにできることを考えてみましょう。

④新しいナラティブ（物語）を紡ぐ

　喪失体験は時間と共に、記憶の色や形を変えていくものです。起こってまだ日が浅いときはそればかりが頭に浮かび、辛い思

いが先に立つものです。しかし、家族で話してみたり、遺族会に参加してみたり、誰かと分かちあう時間は、こころを和らげてくれ、その悲しい出来事が自分の人生にどう影響を与えているのか、新しく生まれた気づき、前向きな変化について考える機会になります。様子をうかがいながら、お茶や食事に誘ってみることが、そのきっかけになるかもしれません。当事者は「同じ話をしている」と申し訳なく思ったりしますが、実は話す内容は同じでも微妙に物語が変化しているのです。記憶を辿ることで新たなことを思い出したり、麻痺していた感情を客観的に捉えられるようになって、言葉で言い表すことができたり、経験に意味づけをするようになったりします。そうして話せば話すほど、グリーフは良い方向に動いていくのです。こうして「大切な人が喪くなった」という物語は、私たちの人生においてとどまることなく変化し、受け継がれていくのです。

⑤組織のグリーフを支える

　救急医療、消防、警察、医療従事者など災害や事故、急病が起こった際にすぐにかけつけるのがファーストレスポンダーです。毎日のように死に直面する現場であるにもかかわらず、組織的なグリーフ支援はまだまだ限られています。組織レベルでの支援が実現していなくても、職場の仲間内や、部署・部門で支えあうことを始めることはできるのではないでしょうか。まずは有志で、1ヶ月に1度（頻度はニーズや仕事のスケジュールに合わせて）集まって、職場でのグリーフについて理解を深めたり、こころのモヤモヤについて話す機会をつくるところか

ら始めてみましょう。専門家に講演会やワークショップを依頼したり、勉強会を開いたり、本書に沿って少人数で会を進めるのも一つの方法です。あなたの小さな一歩が組織を動かす力になるのです。

3. Tedeschi, Rirhcard G. (July-August 2020). Growth After Trauma. Harvard Business Review.

ココロのエクササイズ：周りの人のPTGを支える 🧍🧑‍🤝‍🧑

　本書で学んだことを参考に、周りの人のPTGを支えるために、何ができるのか、アイディアを出してみましょう。

①

②

③

第6章　出会いと別れの意味　　169

④

リフレクション:第6章のまとめ

　第6章では「出会いと別れの意味」というテーマで喪失体験の意味や、気づきを話しあい、PTGについて学びました。内容を振り返ってみましょう。

①新しいグリーフに関する学び

②自己発見・自分のグリーフへの気づき

③第6章を終えて感じたこと

④グループで話しあいましょう

リフレクション：全体のまとめ　リフレクション♦ディスカッション＆シェアリング♦♦♦

　第1章から第6章までを含めて、全体を振り返りましょう。

①一番興味を抱いた章はどれですか。また、その理由も書いてください。

②印象に残った言葉や参考になったことを3点書いてください。

　1.

　2.

3.

③本書のワークに取り組んでいる間、自分のグリーフに何か変化はありましたか？

④グループで作業している人は、①～③について話し合いましょう。

⑤グループで作業している人は、今日が最後のミーティングとなるので、終了する前にそれぞれのメンバーにお礼とお別れの言葉を伝える時間をもちましょう。

おわりに

　本書は米国の高齢者施設で提供していた、遺族会用に作った
資料が元になっています。1ヶ月に1度、6回の会を通して、
参加者はグリーフについて理解を深め、仲間と共に喪失を分か
ちあいながら、グリーフとの向きあい方を見つけていきました。
レクチャーのように知的にグリーフを学ぶだけでなく、ただ参
加者が経験を語るだけでもなく、大切な人を喪くした経験を通
してつながりあい、励ましあい、自分もまた支えてもらうとい
うグリーフコミュニティーをつくることを心がけました。

　すると、はじめは「辛いことを人に話して何になるんだ」と
半信半疑でやってきた男性に変化がありました。参加するうち
に自分がどれほど会に支えられているかを実感し、「もっと多
くの人が参加するべきだ」と他の居住者に声をかけはじめまし
た。それがプラスの循環をうみ、これまで施設の中で挨拶程度
の付き合いだった参加者同士が普段の生活でも互いに気遣いあ
うようになったり、参加者のご家族から「父（母）が明るく
なった」「外に出かけるのを楽しむようになった」「鬱の症状が
良くなってきた」などといったコメントをもらうようになりま
した。

　専門家一人が対面カウンセリングでできることは限られてい

ます。しかし、こうした会から得た共感や、助け合いのこころ
が、コミュニティーに広がっていけば、グリーフケアの輪はど
んどん大きくなっていきます。

　グリーフケアやサポートが行き届いていないコミュニティー
はたくさんあります。カウンセリングや遺族会を試してみたい
けど、どこに行けばいいかわからず、一人で悩んでいる人もい
るでしょう。

　本書はそばにサポートがない人、人と分かちあうことに抵抗
のある人、時間がない人などが自分のペースでグリーフに向き
合うためのワークブックです。しかし、私の本当の願いはあな
たが気心知れた誰かと一緒に取り組むことです。そのために工
夫を凝らしました。一人で本書に取り組んだあなたが、孤独の
中でグリークに葛藤している誰かのために、自らがピアサポー
ターとなりグループを募ったり、友達に声をかけたりするかも
しれません。さらにあなたが本書から多くのヒントを得たよう
に、誰かのために役に立ちたいと思うかもしれません。

　誰かと、グリーフを通して深くつながり、その人たちから
またヒントをもらい、自分のグリーフを再度見つめることで、
新しい気づきや発見が生まれることでしょう。

　人間関係が希薄になりつつある現代だからこそ、喪失体験が
人を結び、いたわりのこころを広げ、お互いが支えあう場や関

係性がもっと広がっていくことを祈ります。

　臨床心理学博士として、グリーフの専門家として、一人の遺族として、グリーフケアの輪が広がっていく、思いやりに溢れたコミュニティーの一員でありたいと深く願うのです。

2025年3月

森田　亜紀

著者プロフィール

森田 亜紀（もりた あき）

米国臨床心理学博士。グリーフ＆ブリーブメント
研究所代表。武蔵野大学大学院 非常勤講師。
グリーフケアコンサルタント。
兵庫県出身。
1990年渡米。
ニューヨーク州コロンビア大学・ティーチャーズカレッジカウンセリング学科修士、同州ロングアイランド大学臨床心理学科博士課程修了。ノースキャロライナ州、カリフォルニア州全寮制教育施設で行動療法コーチ、クリニカルディレクターを務めた後、ハワイに移住。大学カウンセラーを経て、2012年からオアフ島のホスピスにてグリーフカウンセラー兼遺族ケアコーディネーターとしてグリーフケアに携わる。2019年帰国。現在神戸を拠点に国内外で講演・教育・執筆活動に従事。著書に『極上の別れの条件』（2021年文芸社）がある。

装画・挿絵：Ahmad Safarudin
カバーデザイン：和田武大（株式会社デザインヒーロー）
編集協力：高木大吾（株式会社デザインスタジオパステル）

グリーフとおよぐ

2025年3月15日　初版第1刷発行

著　者　　森田 亜紀
発行者　　瓜谷 綱延
発行所　　株式会社文芸社
　　　　　〒160-0022 東京都新宿区新宿1-10-1
　　　　　　　　　電話 03-5369-3060（代表）
　　　　　　　　　　　 03-5369-2299（販売）

印刷所　　株式会社フクイン

©MORITA Aki 2025 Printed in Japan
乱丁本・落丁本はお手数ですが小社販売部宛にお送りください。
送料小社負担にてお取り替えいたします。
本書の一部、あるいは全部を無断で複写・複製・転載・放映、データ配信することは、法律で認められた場合を除き、著作権の侵害となります。
ISBN978-4-286-25337-4